U1000992

掘金IP的正确姿势

黄权旺 林康春 吴秀娟 著

電子工業出版社
Publishing House of Electronics Industry
北京 • BEIJING

内容简介

国内的IP经济越炒越热，全民探索IP模式开启。本书通过对IP的打造、开发、运营与管理的论述，系统地阐述了作者、文化公司该如何在IP热的商机中吸金。对于写作爱好者、文化公司以及互联网内容平台的经营者，本书有较强的指导意义。

未经许可，不得以任何方式复制或抄袭本书之部分或全部内容。
版权所有，侵权必究。

图书在版编目（CIP）数据

掘金IP的正确姿势 / 黄权旺, 林康春, 吴秀娟著. -- 北京 : 电子工业出版社, 2016.7
ISBN 978-7-121-29031-2

Ⅰ. ①掘… Ⅱ. ①黄… ②林… ③吴… Ⅲ. ①网络经济 – 研究 Ⅳ. ①F49

中国版本图书馆CIP数据核字(2016)第128719号

责任编辑：孙学瑛
印　　刷：北京盛通印刷股份有限公司
装　　订：北京盛通印刷股份有限公司
出版发行：电子工业出版社
北京市海淀区万寿路173信箱　邮编100036
开　　本：880×1230　1/32　印张：6.75　字数：129.6千字
版　　次：2016年7月第1版
印　　次：2016年7月第1次印刷
印　　数：3000　　定价：45.00元

凡所购买电子工业出版社图书有缺损问题，请向购买书店调换。若书店售缺，请与本社发行部联系，联系及邮购电话：（010）88254888，88258888。
质量投诉请发邮件至zlts@phei.com.cn，盗版侵权举报请发邮件至dbqq@phei.com.cn。
本书咨询联系方式：（010）51260888-819　faq@phei.com.cn。

目 录

CONTENT

目　录
CONTENT

前　言

IP 产业崛起，你准备好了吗

近年来，除“创业创新”“互联网 +”“移动互联网”“人工智能”“虚拟现实”“O2O”这些词外，还有一个词异常火爆，那就是站在浪尖上的“IP”。

提起 IP，你会想到某部影视作品，这并不新奇。国内受众最先接触的 IP 概念就源自文学（影视）作品，比如《西游记》《盗墓笔记》《鬼吹灯》《何以笙箫默》《哈利・波特》。

没人能准确地说出 IP 的范畴到底有多广，你或许不相信，一部网络文学作品、一首歌曲甚至一个人的名字都有可能成为 IP。“万物皆 IP”这句话逐渐成为现实。

什么是 IP？IP 即知识财产，英文全称为“intellectual property”，是一个指称“心智创造”的法律术语，包括音乐、文学和影视，也包括其他艺术作品、发现与发明。简单地说，就是一切倾注了创作者心智的词语、短语、符号、设计和创意等被法律赋予独享权利的知识财产。IP 类似于品牌的概念，但是远远超越了品牌的范畴。

现在 IP 热抢尽了风头，各大媒体屡屡报道 IP 所引发的影响力和财富增值，人们再也无法忽视来势汹汹的 IP 产业。方兴未艾的 IP 产业已经成为文化产业中极其重要的一部分。

为什么 IP 星星之火渐显燎原之势？众所周知，IP 产业属于精神消费的领域，按照马斯洛需求层次理论分析，由于人们生活水平的提高，在温饱问题解决后会渴望拥有精神享受，愿意为健康、快乐、尊严等精神体验付费，这就为 IP 产业兴起打开了消费市场。

精神体验需要精神产品。在互联网时代，我们熟知的 IP 就是最好的精神产品。由于 IP 天然具有完整的文化基因、市场基础和商业模式，打通了出版、影视、游戏、音乐、文学、媒体等行业以及资本市场。更重要的是，IP 属于可持续发展的资源，可以为产业链提供源源不断的巨额利润。

单单从电影来看，2015 年中国电影市场票房已经突破 440 亿元，2016 年春节档短短几天，周星驰执导的《美人鱼》就揽入 14.69 亿元人民币，2016 年 3 月初更是突破 30 亿元大关。这只是 IP 产业中的冰山一角，未来的 IP 产业将创造越来越多的经济奇迹。

据推算，目前 IP 产业的相关从业人员数以百万计，产值过千亿元。巨大的经济利益与发展空间吸引了大量资本的进入，加上 BAT 等互联网公司的强力推动，网络文学迎来了复苏的春日。

曾几何时，市场一度虚火上升，中国 IP 产业备受诟病。经过一轮轮激烈的市场厮杀、优胜劣汰，相信优秀者最终将胜出，他们会逐步完善 IP 产业链，像美国、日本等发达国家的市场一样，开发出属于自己的核心 IP、经典 IP 和精品 IP。让中国的文化走向世界，有赖于中国开拓者们不懈努力……

本书梳理了中外典型 IP 发展脉络，解密畅销 IP 背后的奥秘；探讨 IP 开发的现状和趋势，以及介绍创作者如何培育 IP；剖析 IP 市场化创作及其产业链的衍生品开发；思考中小企业如何从 IP 产业链中掘金，如何进行 IP 泛娱乐运营管理，实现经济利益最大化……作为国内少有的系统谈论 IP 产业链的图书，本书内容难免有思虑不全之处，敬请指正。

第一章

欢迎迈入 IP 时代

韩寒说这年代“哪怕是首歌都能拍成电影”，这就是 IP 所面临的机遇。在外国人眼中，IP 是艺术品，而不是消耗品，艺术品的价值往往比消耗品的价值高。他们用工匠精神开发优质的 IP，区别于国内的一锤子买卖。IP 真正的价值在于创新，而不是炒冷饭，市场最忌讳的是，什么火热就炒作什么，什么东西赚钱，投资方就投资什么。

IP 概念兴起

2015 年岁末，人们期待已久的电影《寻龙诀》顺利上映，大受好评，截至 2016 年 2 月，票房已经破 15 亿元大关，这部电影比同样改编自网络小说《鬼吹灯》的《九层妖塔》更加叫好叫座，刷新了票房纪录。

据悉，小说《鬼吹灯》的作者天下霸唱将整部作品一分为二，前四部卖给了导演陆川，后四部卖给了万达影业，所以已上映的两部电影实际上就形成了竞争之势。

《鬼吹灯》在 2006 年首发于天涯社区，是一部糅合了现实和虚构、盗墓和探险的网络小说，口碑相传，在网络上迅速流行起来，主要讲述了“摸金校尉”（盗墓者）一系列诡异离奇的故事。

2006 年年底，安徽文艺出版社出版了四册《鬼吹灯》图书，迅速抢占了图书销售排行榜的榜首。历经十年，该系列图书收获了无数的粉丝和口碑。

由《鬼吹灯》改编的游戏也极具网络人气，相关的影视衍生品的开发和销售步伐加快。就连《鬼吹灯》的作者天下霸唱都很难统计出自己的小说有多少部分被拆分成影视版、电视版、游戏版、网游版、手游版、3D MMORPG 版……《鬼吹灯》就像一棵摇钱树，开枝散叶，财富铺满了文化产业的道路，经济效益和文化价值相得益彰，版权所有者和投资方赚得盆满钵满，IP 概念逐渐被人熟知。

与此同时，近年来“西游记”题材成为电影市场上的一个超级 IP，从 2013 年的《西游·降魔篇》到 2014 年的《西游记之大闹天宫》都取得了超过 10 亿元的票房收入。

可以说，优质的 IP 就是一台印钞机。比如，麦家的《刀尖》，徐皓峰的《道士下山》，天下霸唱的《鬼吹灯》《死亡循环》系列，南派三叔的《盗墓笔记》，刘慈欣的《三体》，都有着强大的 IP 品牌影响力，大量消费者愿意为其衍生品埋单。

回过头来看看，什么是 IP？从概念来看，“IP”直译为知识财产，是一个指称“心智创造”的法律术语，包括音乐、文学和其他艺术作品、发现与发明，以及一切倾注了创作者心智的词语、短语、符号和设计等被法律赋予独享权利的知识财产。

现在人们常说的“IP”，还只停留在可以改编成影视剧的网络畅销作品层面，这是比较狭义与通俗的理解。在本书中，如果没有特别注明，我们也仅探讨这一层面的 IP。

实际上，IP 就是一种创意的产物。影视 IP 属于影视产业中剧本创意的范畴，当年好莱坞影视模式建立后，影视创意变得异常火爆，影视公司为了寻求好剧本，不惜重金，因此，大批作家编剧涌现，促进了影视产业的创意发展。

与此同时，美国电影协会长期用法律手段保护电影改编版权，电影产业蓬勃发展，满足了各阶层的精神消费。这是美国的历史。回看中国的现实，2015 年以来，中国影视圈内，IP 概念兴起。仅仅一两年的时间，网络小说、电影与投资、互联网融合——诞生了 IP。

如今，从《甄嬛传》《步步惊心》到《何以笙箫默》《花千骨》《秦时明月》《芈月传》……网络小说改编的影视剧早已占据影视界的半壁江山。一些并非脱胎于网络小说的电视剧甚至被网友吐槽："没有了网络故事大纲，你连句话都说不完整了？"

万物皆 IP，这不是一句玩笑话，从发展态势来看，几乎有点儿名气的名词都有可能成为 IP，比如一个歌星、一本杂志、一首歌、一位导演，甚至一只动物，例如，在 2016 年 2 月刷爆朋友圈的"吻别鹅"，如果没有被主人宰杀，其 IP 价值不可估量。

开发 IP 犹如掘金

IP 是电影改编的源头，它来源于小说、游戏、漫画、音乐、人物（包括卡通形象）、热播节目、网络短视频甚至某个流行概念，以至于网上有人开玩笑说，连《新华字典》也成了一个 IP。

据不完全统计，截至 2014 年年底，有 114 部网络小说被购买影视版权，题材跨越古代、现代，涉及青春、仙侠、悬疑等。在 2015—2016 年，计划开拍或播出的网络小说改编影视剧超过 30 部，而且时下有一点儿知名度的电视剧有不少与网络小说有关。《烈日灼心》《夏洛特烦恼》《煎饼侠》《智取威虎山》等不断演绎 IP 的魅力，《小时代》系列电影、《奔跑吧兄弟》大电影、《后会无期》和《老男孩之猛龙过江》等更是火热，这些都是典型的 IP 电影。

在此不得不提《十万个冷笑话》，迄今为止，这是国内产业链相对完整的 IP 电影。2010 年，作者寒舞开始网络连载幽默漫画，2012 年开始在视频网站上播放，点击播放超过 17 亿次，2015 年春节大电影上映，几个月后手游上线，开发一环扣一环。2015 年岁末，《万万没想到》延续了碎片化的网络语境，浑身抖落小机灵，将 IP 玩转得出神入化。

2015 年，暑期档国产电影中出现了《捉妖记》《大圣归来》，它们用世界的语言讲述中国的故事，正逐步打造中国电影的健康新常态，让人刮目相看。

各大影视公司为赢得市场，争夺、挖掘和开发优质 IP，构建 IP 商业开发系统之战愈演愈烈，《三体》《爵迹》《小苹果》也正在改编大电影的征程上，我们拭目以待。

从票房表现来看，很多 IP 电影投资不高，却博得了巨大的收益，比如《同桌的你》这部 IP 电影，出乎意料地以不到 3 000 万元的成本狂收 4.55 亿元的票房，《小时代》系列更是傲视群雄，累计票房破 15 亿元。

随着 IP 电影的火爆，票房业绩不俗，各大互联网公司都看到了 IP 电影的潜在经济价值，纷纷介入电影市场，购买与开发 IP。光线影业的《寻龙诀》《沙漏》《左耳》，阿里影业的《三生三世十里桃花》《从你的全世界路过》，乐视影业的《何以笙箫默》等 IP 电影，大有席卷而来之势。这一举动大规模改变了中国电影市场的格局，2015 年，在国产电影市场，共有 28 部 IP 电影上映，贡献票房超 80 亿元，2015 年被称为中国“IP 元年”名副其实，IP 正为众人呈现一场时代的文化盛宴。

看到 IP 市场潜力巨大，大部分游戏公司也开始着手挖掘。业内人士普遍将 2014 年视为移动游戏行业的“IP 元年”。2013 年是移动游戏的发展元年，经过一年的沉淀，移动游戏发行商、研发商、渠道商的市场格局初步形成。

各大游戏公司不断进驻 IP 领域，加紧布局，以求进一步发展。其中，知名端游 IP 改编的手游备受玩家追捧，《大话西游》手游、《梦幻西游》手游、《热血传奇》手游、《九阴真经》手游等一直占据 App Store 畅销榜前几位。

开发 IP 犹如掘金。艾瑞网于 2015 年 10 月发布了《2015 年中国网络文学 IP 价值研究报告》，对网络文学 IP 的二次衍生价值进行了评估，并从游戏、影视和动漫三个重点方向对网络文学精品 IP 进行了案例研究。

他们认为，2015 年，“互动娱乐进入 IP 元年，影游联动初见成绩，IP 衍生覆盖互动娱乐的全产业链。网络文学作为最大的 IP 源头，仅起点中文网的原创作品数量就超过 140 万部，而阅文集团旗下作品总数则超过 1 000 万部”。

网络文学 IP 不仅数量庞大，衍生品也取得了不错的成绩，一个 IP 就是一座金矿。

游戏方面，《花千骨》《苍穹变》等手游月流水均破亿元，《莽荒纪》《傲世九重天》等页游月流水也高达 3 000 万元。

影视方面，2015 年 8 月网络播放覆盖人数 Top 10 的电视剧中有 4 部改编自网络小说，改编自网络小说的电影《致我们终将逝去的青春》《九层妖塔》《匆匆那年》票房均超过 5 亿元，原著粉丝对网络小说改编成电影表现出高度的热情和期待。

动漫方面，2015 年中国“二次元”用户达到 2.19 亿人，国产动画市场前景广阔。《择天记》是国内网络文学作品改编成动画的首次尝试，截止到 2015 年 9 月底，《择天记》动画片在腾讯视频总计点击播放 2 700 万次，此后播出的《莽荒纪》也在爱奇艺总计播放 2 100 万次。

出版方面，《盗墓笔记》《鬼吹灯》等知名网络小说简体版销量超过千万册。阅文旗下作品占据台湾中文原创小说出版市场的半壁江山，《鬼吹灯》《刑名师爷》等版权更是远销韩国、泰国、越南等国。

再如，《寻龙诀》也即将销售和发行海外版权，进军海外市场。由于 IP“鬼吹灯”家喻户晓，知名度已经远播海外，预计将取得不菲的经济收益。

再如音乐方面，青春怀旧成为永恒的旋律，有质感有情感，有怀旧有人气，这一类型自然成为当下 IP 电影风潮中的“新贵”。由高晓松监制的电影《同桌的你》，凭借人们对这首歌的回忆，出品方就轻松拿下近 5 亿元的高票房，让中国片商们看到了热门歌曲身上的 IP 价值。

于是，何炅的导演处女作锁定了自己的十年畅销歌曲《栀子花开》，将这股歌曲改编电影的风潮推到一个新高度。随后，《爱之初体验》《睡在我上铺的兄弟》《小苹果》《一生有你》等电影也跟风而来。

从某种意义上说，真正的价值在于创新，而不是炒冷饭，最忌讳的是，市场什么火爆，投资方就投资什么，就像韩寒所说，“哪怕是首歌都能拍成电影”，这正是这类电影存在的问题，没有创新，从长远来看恐怕难觅出路。

另一方面，有的 IP 电影以大数据为基础，根据受众的兴趣进行精准搭配，与粉丝互动、思维碰撞而产生带有明显互联网基因的产品。如由网络小说改编的青春片《致我们终将逝去的青春》《左耳》《何以笙箫默》，根据综艺节目改编的大电影《爸爸去哪儿》《奔跑吧兄弟》，以及由流行歌曲改编的《栀子花开》《睡在我上铺的兄弟》，皆为典型的互联网思维下的 IP 作品。它们承载着粉丝文化的审美期望，形成了具有网络气质的产品。

如今，IP 电影筹拍量稳步上升。到 2015 年岁末，除了已经拍摄完成的，还有不少筹备中的 IP 电影。阿里影业之前公布了唐七公子著名网络小说《三生三世十里桃花》的演员阵容，吸引了诸多粉丝的关注。

根据国家新闻出版广电总局最新的备案公示，八月长安的两部作品，即振华三部曲的后两部《暗恋·橘生淮南》《最好的我们》接连备案，都将被搬上大银幕。同样，向上影业宣布拍摄改编自天下霸唱的另一小说《死亡循环》的电影，并请徐峥担任监制。

此外，张晓晗的代表作《除了爱，我们什么都不会》的同名电影也已经立项，目前正在筹拍中。著名网络作家墨舞碧歌的成名作《路从今夜白》电影版和电视剧版也已同步开发。

再如，有公司正在开发几个大 IP 电影项目，分别是《华夏之王》《女神联盟》《一千灵异夜》及《三体》，将会吸引不少观众，据说这是在未来两三年中国电影产业迅速成熟起来的背景下做出的判断和选择。

同时，已存在并将陆续启动的 IP 还包括《地底世界之雾隐占婆》《天坑历险记》《北大荒狼灾记》《夜盗董妃坟》《崔老道捉妖》《灵异游戏》等。一大波 IP 在路上急行军，阵势蔚为大观，相信好戏还在后头。

一般而言，围绕一个优秀的 IP，可以通过多种渠道，在不同的媒介平台上深挖精耕，开发出不同类型的多项产品，例如，电影、电视剧、电视节目、舞台剧、音乐、游戏、出版物以及衍生品，以期最大限度地发掘 IP 的价值。

拉长 IP 财富链，“钱”途无量

目前，IP 的类型多样，并且已经品牌化，成为文化品牌中的一张名片。随着精神文化消费的崛起，IP 不仅仅涵盖网络文学及其电影本身，还有周边的衍生产品，目前 IP 衍生品市场正是一片蓝海，必将成为各大公司争夺的焦点。

比如影视 IP 的衍生品，即根据影视角色、场景、道具、标识等开发的产品，包含形象授权、玩具、服装、饰品、音像制品、游戏、图书、日用品甚至主题公园等。

2013 年，北美电影总票房不到 110 亿美元，但在 2009 年，授权开发商品的产值就已近 900 亿美元，其中很大一部分是由电影衍生品贡献的。以好莱坞为例，票房收入在整个产业链收入中占比仅为三成，七成都来自衍生品。

与发达国家不同，国内电影产业的营业收入主要依靠票房，其他诸如版权类的收入占比较少。国内电影收入的 90% 甚至 95% 都来自票房和植入式广告，很多电影的衍生品收入为零。

在影视衍生品的开发上，华谊兄弟通过品牌授权在文化地产和旅游地产领域的产业布局同样值得关注和期待。相关资料显示，从 2011 年开始，华谊兄弟先后投资打造苏州影视城、长沙华谊电影文化城、海口观澜湖华谊冯小刚电影公社等地产项目，2015 年华谊兄弟将在郑州投资建设“建业·华谊兄弟”电影小镇项目。

在实景娱乐主题公园的门票销售、相关权利衍生品市场领域，华谊兄弟优选阿里巴巴开展合作。同样，在版权开发，如网游、网络文学、动漫改编权，以及签约艺人相关衍生品开发市场领域，华谊兄弟与腾讯达成合作协议，共同打造双方 IP 权限流转通道，IP 江湖水深浪高，吸引着一批批的淘金者。

再看光线传媒，其产品线在 2014 年上半年虽表现比较单一，但从 2015 年 6 月开始，光线传媒开始大举挺进，积极谋划衍生产业布局：耗资 2 亿元控股动画制作公司广州蓝弧文化传播有限公司，加强了产业链的战略布局；1.7 亿元收购杭州热锋网络科技有限公司，开拓“游戏 + 影视”的战略方向；宣布启动“中国电影世界”项目，加入实景娱乐的市场竞争。

早在2013年9月，万达集团就投资500亿元打造青岛万达东方影都项目，意在开创全球最大的影视产业项目。据悉该项目集影视制作、展览、娱乐、度假等于一体，不仅是一个影视基地，还是休闲度假胜地、电影发烧友的乐园。包括此前投资70亿元建设的武汉万达电影乐园，以及全国共计11座万达影视主题公园。不难看出，万达集团正在复制迪士尼、环球影片公司等海外影视巨头的全产业链经营模式，将IP的财富链拉得更长。

总而言之，各大影视公司都在不断地挖掘IP这座金矿，拉长财富链，打通出版、影视、游戏、动漫、音乐、衍生品等各领域的IP开发，“钱”途无量。

目前，我国电影衍生品的开发与管理方兴未艾，对成熟的电影产业发展及规范的市场来说，IP衍生品的营销和开发具有巨大的市场空间。

IP如雨后春笋，还要编剧吗

2015年11月27日，阿里影业副总裁徐远翔在某论坛上称阿里影业以后不会请专业编剧，一时引发业界哗然，不少知名编剧宣称拒绝与阿里影业合作，反击阿里影业说："走好，不送！"

徐远翔称，阿里影业的经营方式完全是颠覆性的，以后"不会再请专业编剧"，而是"请IP的贴吧吧主和无数的同人小说作者，最优秀的挑十个组成一个小组，跟杀人游戏一样不断淘汰，最后哪个人写得最好，给予重金奖励，然后给他保留编剧甚至是故事原创的片头署名"。

如同在沸腾的油锅里加了一碗水，愤怒的职业编剧们纷纷站出来讨伐徐远翔。很快，徐远翔就对此事予以澄清："昨日参加一论坛的个人发言引起业内激烈争论，本人特做以下说明：第一，本人也是编剧出身，深知剧本的重要性，且对编剧同行之尊重由来已久；第二，媒体有些断章取义，建议大家读完全文，且参考当时对话的语境；第三，从未说过只要IP不要编剧，而只说IP和编剧构成剧本产业链的前端和后端。期待和诸位合作！”

当晚，阿里影业CEO张强再度发表公开声明称，作为内容产业的核心，编剧的重要性毋庸置疑，阿里影业对编剧等专业人士的尊重一以贯之，从未动摇，亦在探索和实践与编剧等专业领域同人共同创造行业未来的现实路径。至此，“只要IP不要编剧”的风波才算平息。

徐远翔的话之所以引来业界的广泛质疑，就是因为IP热已经在抢夺专业编剧的饭碗。IP太过火爆，动辄就要百万甚至上千万元的高价才能抢到IP的改编权，市场也证明了优秀的IP可以为投资方带来丰厚回报，编剧在一定程度上被边缘化了。

对那些认真打磨作品的专业编剧来说，他们缺少IP时代的粉丝基础，即使作品本身的质量非常好，作品没有上网，知名度不够，自然难以卖出好身价。

对于那些不知名的作品，有些文化公司基于战略布局，囤积了大量的IP。10年前，一部很好的IP作品只要花上10万元，即可购得版权；10年后，积攒了大量人气的IP已经涨到天价，俗称“天价 IP”，稍微有一些名气的 IP 价格都是百万元起。像《鬼吹灯》这样优质的 IP，估值更是超过千万元。

现在不少公司热衷于炒作 IP，犹如 10 年前炒作房地产，因为 IP 升值太快，回报迅速，人人趋之若鹜。IP 资源也因价格虚高而备受诟病。

IP 改编成的影视作品，有人吐槽，有人惊喜。中国电影市场规模接近 500 亿元，观众平均年龄为 21.3 岁，19 ～ 29 岁的群体占 85% ～ 86%。

基于以上数据，徐远翔认为电影必须抓住那些收入不高的年轻人的眼球。怎么抓？他认为有三件事很重要：第一，有一个 IP；第二，强大的明星阵容；第三，你这个电影有没有概念，有没有可逆袭的可能性。“如果这三点都不具备，你肯定是颗粒无收。”

徐远翔的看法似乎有些偏激，但并非毫无道理。进入互联网时代，观众的身份层次、文化情趣、欣赏品位早已发生巨大的变化，不为观影人群量身定制的影视作品屡屡惨遭滑铁卢。总体来看，打造叫好又叫座的作品实属不易，如果没有 IP 的粉丝打底，酒香也怕巷子深。

不过在一些业内人士看来，目前人们过度迷信 IP。《花千骨》制片人唐丽君认为，目前影视作品改编存在两个问题：一是过分依赖小说，编剧的原创能力在下降；二是 IP 被炒得过热，大量热钱涌入，价格贵得离谱。IP的含金量真的有那么高吗？在看过不少剧本的演员张嘉译看来，网络IP剧的台词设计很多都比较单薄，不足以支撑起丰满的人物性格。

质疑声从未消失。著名编剧六六认为，IP剧大行其道，说明了当前好剧本极度匮乏。国产电视剧几乎所有的人物类型、关系、故事情节都被拍尽了，只能借助网络寻找“脑洞大开”的故事，但最终能否成功并不确定。

无论IP有多热，我们的头脑也不要发热，要从IP市场火爆的背后看到残酷的现状。

首先，IP争夺激烈，能开发的基本都被开发了。继流行歌曲、网络流行语被纳入开发计划后，资本方又将目光投向刚刚兴起的国产原创漫画、经典传统小说以及境外影视作品。趋势越来越明显，熟悉的事物皆成IP，以攻城略地之势覆盖整个产业。

其次，国内很多制片方在国外竞相抬价、批量扫货。财大气粗、盲目跟风的“买买买”，形成了严重的IP泡沫，影响了优秀IP的创作与衍生品开发，加剧了投资方的风险，导致整个产业链变得更加脆弱，严重破坏了IP生态。

而为之埋单的消费者最终会用脚投票。他们花了钱却看不到好作品，消费信心受到打击，市场感情受到伤害，这是IP掘金过程中需要警惕的绊脚石。一个依靠机械化复制、快餐化消费、缺乏创意的行业无法健康地成长。

IP 的开发与挖掘商机无限，但 IP 绝不仅仅是生意，它关乎品质、关乎内涵、关乎精神。优秀的 IP 永世流传，即使做不到这个水平，如果有人说这是一部有良心、有诚意的 IP 作品，那你就离成功也不远。

我们可以对比国内外的情况。

在美国，核心的 IP 都掌控在电影公司和漫画公司手里，版权完善，并没有太多 IP 混战的江湖气息，其他公司只是作为合作伙伴，大公司（谷歌、亚马逊、苹果与迪士尼等公司）只以合作伙伴的身份介入内容生产领域。

在日本，互联网公司处于弱势，在集英社、万代南梦宫、东京电视台、任天堂这些传统内容巨头面前毫无话语权。

但中国市场不同，腾讯、阿里巴巴、百度和优酷这些中国的互联网公司正不断和影视公司亲密接触，自产自销内容也成为新常态。一方面与传统的影视公司合作，一方面又与之形成竞争态势，倒逼传统影视公司在互联网时代自省与改革。

剥开 IP 身上华丽的包装，我们会发现有水准的专业编剧依旧不可或缺。不要迷信当下 IP 造成的市场幻觉，打造精品 IP 方为正道。否则，IP 热不过是一场来去匆匆的“高烧”。

他乡之石：IP树长青

2015年12月29日，动漫粉收到一份岁末贺礼：超人气热血动画《火影忍者》最新剧场版《火影忍者剧场版：博人传》确定从日本引进中国内地。《火影忍者剧场版：博人传》将成为继《哆啦A梦：伴我同行》《名侦探柯南：业火的向日葵》在中国内地上映之后，又一部登陆中国内地大银幕的日本漫画强IP。

在全球拥有超高人气的《火影忍者》系列漫画连续更新了15年，并于2014年正式完结。这部最新剧场版由漫画作者岸本齐史先生亲自操刀担任制作总指挥。作为首部被引进中国内地的“火影”系列作品，该片或将是唯一一部在内地影院上映的剧场版。

2015 年的《哆啦 A 梦：伴我同行》打起怀旧牌，以哆啦 A 梦要离开大雄为卖点，着力宣传“哆啦 A 梦与大雄的最后一次冒险”，在大催粉丝眼泪的同时，也在中国内地捞走了 5.3 亿元的惊人票房。《名侦探柯南：业火的向日葵》内地上映 3 周，票房突破 8 000 万元。《火影忍者剧场版：博人传》2016 年 2 月在内地上映，一个月内票房突破了 1 亿元。

近年来，动画电影日渐在国内形成市场，有“三大民工漫”之称的《火影忍者》《海贼王》《死神》均拥有众多粉丝、超高人气和呼声。看来，动漫 IP 树长青不只是一句虚言。

在日本，许多漫画 IP 被改编成 TV 版动画、剧场版、大电影版等形式，但每种形式都不会过于依赖原著，而是具备了各种形式本身的质感，即便独立存在，也是不错的作品。

从日本 2010 年动漫产业的产值结构可以了解到：图书报刊出版 15.6 万亿日元、影视产品 10.4 万亿日元、游戏 10.1 万亿日元、音乐产品 9.7 万亿日元、其他动漫产品 3.2 万亿日元。总的来说，日本的动漫衍生品产值占比超过 70%，而中国动漫衍生品产值占比仅 30% 左右。

从这些数据可以看出，动漫产业蓬勃发展，其中以 IP 和超级 IP 为代表的动漫作品，产业衍生规模庞大，包括游戏、音乐、影视等 IP 覆盖的文化领地，所以创造出了可观的商业价值。

日本的《奥特曼》《樱桃小丸子》等 IP 的影响力多年来有

增无减，还在持续发酵。漫威前主画师沃尔特·麦克丹尼尔尖锐地指出："真正的IP是可以永久存活的。中国目前的IP还不能叫作IP，只能叫品牌。"

《2014年度中国动漫产业发展报告》指出：2014年，我国动漫产业总产值超过1 000亿元，与2013年相比增长14.84%。从2010—2014年总产值的变化来看，中国动漫产业保持着强劲的增长态势，这样的增长业绩除了自身产业的发展，还应该看到国外动漫作品贡献了强大的力量。

国外强大的IP影响力并不局限在其本土，而是覆盖全球，这就是强IP的超强能量。比如美国"漫威""速度与激情""霍比特人"，都是在全球很成功的、有影响力的品牌。

此外，好莱坞的IP大电影《哈利·波特》《美国队长》《复仇者联盟》《蜘蛛侠》《钢铁侠》《绿箭侠》《闪电侠》《指环王》《星球大战》《阿凡达》都"吸金无数"，它们演绎了不老的传说，生生不息。

在中国，在政治、经济、文化、受众基础等复杂因素的影响下，除了四大名著、琼瑶、金庸和古龙的小说，中国本土的IP难敌好莱坞等知名公司。目前中国的IP更多地停留在炒作和概念营销阶段，仅仅是一种资本鞭策下的文化景观，对于文化内核的实质开发、文化品牌的保护和文化内涵的挖掘，还缺乏一定的功力和火候。

当然，谈论长青，不得不提全球闻名遐迩的迪士尼，它取名自其创始人华特·迪士尼，是总部设在美国伯班克的大型跨国公司，主要业务包括娱乐节目制作、主题公园、玩具、图书、电子游戏和传媒网络。

迪士尼就是靠经营自主品牌的IP起家。20世纪三四十年代，依靠米老鼠掘得第一桶金；20世纪40年代，涉足真人电影领域；1993年，迪士尼收购了独立电影界巨头米拉麦克斯（米拉麦克斯于2010年被迪士尼出售）；2006年，迪士尼斥巨资收购了3D动画新贵皮克斯。迪士尼宛如一艘超级航母，牢牢地占据全球顶级电影公司的王位。

1928年推出《威利汽船》以来，迪士尼公司走过了近90年的发展之路，创造了一大批家喻户晓的IP作品，如1937年出品的《白雪公主和七个小矮人》，这是电影史上第一部长动画电影，对电影史和迪士尼本身都具有非凡意义和特殊价值，对全球少年儿童乃至成年人的影响更是巨大而深远，它已经远远超出文艺作品的范畴。

《美女与野兽》（1991）、《花木兰》（1998）、《狮子王》（1994）、《奇妙仙子》（2008）、《星际宝贝》（2002）……80多年来，每一部迪士尼的作品无不赢得市场的好评和骄人的口碑。

如今的迪士尼已经远远不止于从事动画电影这一个行业，

频频涉足服饰、箱包、家居用品、毛绒玩具、电子产品等多个领域。由于大多数人都是从小看着迪士尼的动画片长大的，所以迪士尼进入各个产业都受到了消费者的拥护。迪士尼的 IP 树扎根土壤，开出灿烂之花，并结出累累硕果。

提到 IP 树的生命力和长势，漫威当然不能缺席。该公司在 1939 年出版了第一本漫画，创造出一个超级英雄形象——可以在水下生活的“纳摩”。至今，漫威已经拥有 8 000 多个动漫角色的 IP。

就风靡程度来说，《超能陆战队》显然不如《复仇者联盟》《X 战警》系列人物，后者在全球拥有无数粉丝，持续影响几代人。这样的文化生命力，没有超级 IP 开发的产业体系和底层土壤是难以实现的。

漫威系列电影就是从动漫 IP 改编而来的，但电影反过来也让这一系列漫画持续风靡。影视相比漫画原著，虽然在故事情节、人物方面有一定的相似性，但是在制成电影后，显然增加了质感，吸引了更多的粉丝。同时，片商也没有止步于电影，而是借此扩展至更广阔的领域，比如周边产品的开发上。

在游戏领域，美国的暴雪娱乐公司可谓是闻名于全世界。暴雪是一家视频游戏制作和发行公司，在 1991 年 2 月 8 日，由加利福尼亚大学洛杉矶分校的三位毕业生创立，1994 年正式更名为暴雪娱乐。该公司推出过多款经典系列游戏 IP 作品：《魔兽争霸》《星际争霸》《暗黑破坏神》系列和《魔兽世界》。《魔兽争霸》及《星际争霸》均被多项著名电子竞技比赛列为主要比赛项目，在电脑游戏界享有极高的评价。

通过国内外 IP 开发对比，可以发现：

首先，国外 IP 开发者以务实和创新的精神打造精品，赢得了市场的尊重。客观地说，他们与国内跟风泛滥开发不在同一层次上。

其次，国外 IP 开发者持之以恒，用工匠精神开发优质 IP，区别于国内 IP 开发的一锤子买卖。在国外的开发理念中，IP 是艺术品，不是消耗品。不难想象，艺术品的价值往往比消耗品的价值高。

最后，相对国内 IP 开发来说，国外 IP 开发人才充足、技术先进、开发流程完善，这是国内 IP 开发值得借鉴的经验。

第二章

创作者如何打造畅销 IP

一个 IP 的诞生凝聚了创作者的心血，如果经营不好，很可能淹没在残酷的市场中，最理想的创作和开发过程就是市场化创作、品牌化运营。纵观古今中外，凡畅销全球、饮誉时代的作品，都脱离不了对优秀价值观的追求，优秀的价值观是 IP 坚实的精神底座，它跨越了时代，跨越了种族，跨越了文化隔阂，能够真正持久地散发精神光芒。

IP 诞生与开发的理想过程

文化产品的源头就是 IP，在你毫不知情的情况下，积蓄已久的 IP 能量喷涌而出，就像拧开了水龙头，活水从源头滚滚而来，推动着整个 IP 产业链的发展。那么，IP 诞生与开发的理想过程是什么样的呢?

从 IP 的源头开始，除了源于歌曲、游戏等，通常是从长篇小说开始的。

优秀的长篇小说创作者必须具备一定的写作天赋，勤于收集与积累写作范畴内的相关资料，然后天马行空地构思，将思想融入故事之中。据说郭敬明在创作《小时代》系列前，光是收集各类奢侈品、服饰等资料就多达几十万字，正所谓“兵马未动，粮草先行”。

称得上优秀IP的长篇小说，必然汇集某些方面丰富的知识，比如《西游记》中的佛教理论、《哈利·波特》中的魔法体系、《鬼吹灯》中的墓穴文化。其中必须有一个完整的想象世界，或根源于想象，或脱胎于现实。理想的IP创作在构思前期，创作者就已用积累的知识体系搭建起了一个架构宏大的世界（后文将论述如何高效构思有价值的IP）。

除了拥有恢弘的想象力与奇妙的故事创意，毅力也是创作长篇小说的必备要素。通常，一部长篇小说完稿少则几个月，多则五六年，甚至几十年。

在单调的写作过程中，创作者要耐得住寂寞，同时需要充沛的精力。没有打持久战的心理准备和身体基础，你无法坚持到最后。

所以在IP开发的过程中，作者的身体素质、写作素养、兴趣能力和知识积累都是必不可少的。比如《哈利·波特》系列，根据作者J·K·罗琳的介绍，这个故事的灵感萌生于1991年她从曼彻斯特到伦敦的火车上。

《哈利·波特》系列的第一部《哈利·波特与魔法石》是1997年问世的，从火车上的构思到第一部出版历时7年（其中写作耗时5年），到2007年7部才全部完成。但凡好作品，大多是长时间打磨出来的，没有足够的毅力，恐怕会成为断头作品。

《何以笙箫默》的作者顾漫在一次网络访谈中谈到：“写

作是一件灵感加毅力的事情，两者缺一不可。”《盗墓笔记》的作者南派三叔谈及成书的过程，也强调了写作的艰辛：“这是一场长达 5 年的拉力赛，不折不扣的 5 年，花费 5 年时间，写出 9 本小说，完成如此庞大复杂的故事，对一个业余作者来说，确实有些太吃力了。”

比上一辈作家幸运的是，现在的作者随时可以将文字发表在网络上，引来网友的批评或赞赏。写得好的话，他们会不断地督促你快点儿更新，或者每天都要等着看完你的更新才睡觉。有时候，作者写得筋疲力尽，灵感枯竭，实在想一歇了之，可是怎么也舍不得放下，因为写作的过程像孕育一个新生命，虽然辛苦，但想到诞生后的喜悦，就会有继续写下去的动力。

如果你发的文字并没有赢得多少赞叹，却收获了大量的骂声，不要灰心，有人骂比无人理强百倍。而且，你可以在网友的骂声中反省自己，提升自己。南派三叔也被网友们大骂过，他因此不得不放慢写作速度来保证文字质量。但因为更新慢，他又挨了不少骂……万幸的是，他在坚持中将故事写完了。

80 后高产作家唐家三少是如今颇具人气的网络作家，2012 年登上“中国网络作家富豪榜”，此后连续三年获得“中国作家富豪榜·网络作家之王”称号，收入超过了众多非网络作家。

唐家三少曾经自豪地说：“我从开始创作至今 12 年，每天都更新，到现在已经写了 3 000 万字。”唐家三少之所以成为网络文学的标杆，除了天赋之外源于他12年不断更的勤奋。在唐家三少看来，他今天比别的网络作家更成功，唯一的原因就是坚持。

或许一晃眼间写了好几年，在IP创作的过程中，作者始终没有任何收入，也没有太大的知名度，单凭兴趣与梦想默默地耕耘。

或许突然有一天，媒体发现了你的IP，作品已经在网络上初具名气,追逐的粉丝越来越多。随着知名度与美誉度不断提高，出版机构闻风而动，由于没有太大的名气，出版合同的条款不尽人意，但你并未发觉或即使发觉也无力改变。

国外的情况则迥然不同，除了版权保护意识强、法律制度健全外，大多数IP创作者有自己的著作经纪人，创作者专心创作即可，商业领域的交易会有专人打理，尽心尽力地为创作者谋取最大利益，将合同陷阱一一填平，因此创作者可以拿到可观的稿费或者利益分成。可见，理想的出版过程就是相互合作，合作共赢。

IP作品出版后，若市场反响热烈，影视公司、游戏公司会纷纷前来竞谈改编权，如何合理授权、如何使作品利益最大化、这些都需要你具备一定的知识产权方面的法律知识。例如，2015年，作者南派三叔状告陆川导演根据他的作品改编的电影《九层妖塔》不符合原著，闹得沸沸扬扬，最终结果如何，目前暂不明朗。

如果你的 IP 一下子火起来，欣喜之余，你得有心理准备和相关的后续营销、衍生品开发方面的考虑。从好莱坞的 IP 培育和管理来看，衍生开发也应该在创作前期介入，做好准备，提前布局，为你的作品打下扎实的基础。

目前，国内的精神消费市场蓬勃发展，对文化的需求、对 IP 的渴求日益旺盛。从 2015 年开始，市场已经展开 IP 混战，媒体对 IP 生态的报道连篇累牍，IP 作品目不暇接，有的文化公司居然囤积了上千部 IP 作品。

在这个 IP“大跃进”的过程中，粗制滥造之风不可避免，市场充斥着泡沫。因此创作者需要在勤奋的基础上，珍惜与维护自己的声誉，不断强化自己的品牌。冰冻三尺，非一日之寒，皆同此理。

高质量 IP 的组成要素

以 BAT 为首的互联网巨头从来不会缺席任何一场商业盛宴，它们凭借雄厚的经济实力和资源，在全网争夺 IP 开发权。随着竞争白热化，作品价格水涨船高，大神级的作品成交价甚至过千万元。有些作者不愿意轻易出售自己一手打造的“蓝筹股”，还可以用 IP 作为投资，入股泛娱乐公司。

中国 IP 产业刚刚破土萌芽，并且在资本的鼓噪下越吹越大。有不少公司即使手握大量 IP，也无法将它变成真金白银，质量不高的 IP 很难变现。那么，高质量 IP 的组成要素有哪些？什么才是具有高价值的 IP？

通过剖析国内外几百个知名作品和品牌 IP，我们发现从整体来看，IP 的组成要素就像一个洋葱头，内核为价值观，由里往外分别为普世元素、故事情节和表现形式，表面是表现形式，见图 2-1。

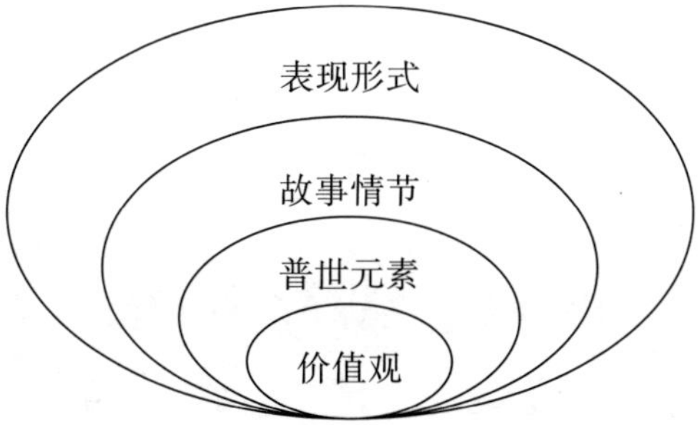

图 2-1　高质量 IP 的组成要素

第一层是价值观

价值观是基于人的思维感官而做出的认知、理解、判断或抉择，也就是人认定事物、辨别是非的一种思维或取向，从而体现出人、事、物的一定价值或作用。

在现实世界，价值观具有稳定性、持久性、历史性和选择性。虽然 IP 作品里描绘的是想象中的世界，但也需要“正能量”式的价值观作为精神引擎。

思想家罗基奇于 1973 年提出价值系统理论，他认为各种价值观依一定的逻辑意义联结在一起，它们按一定的结构层次或价值系统而存在，价值系统是沿着价值观的重要程度的连续体形成的层次序列。他提出了两类价值系统：

一是终极性价值系统，用以表示存在的理想化终极状态或结果，包含的内容有：舒适的生活、振奋的生活、成就感、和平的世界、美丽的世界、平等、家庭保障、自由、幸福、内心平静、成熟的爱、国家安全、享乐、灵魂得到拯救、自尊、社会承认、真正的友谊、智慧。

二是工具性价值系统，是达到理想化终极状态所采用的行为方式或手段，包含的内容有：有抱负、心胸宽广、有才能、快活、整洁、勇敢、助人、诚实、富于想象、独立、理智、有逻辑性、钟情、顺从、有教养、负责任、自控、仁慈。

无论是终极性价值系统，还是工具性价值系统都是崇高的价值向往，从理论上来说，目的都是提高人类整体素质，修补人类社会制度缺陷的精神寄托。所有出众的 IP 作品都会以崇高的价值观打动他人。没有崇高的价值观，不会引发受众的共鸣。

当我们提起好莱坞电影，除了宏大的打斗场面、冷不防的俏皮话以及皆大欢喜的结局，我们见得最多的是：主人公消除了灾难，维持了秩序、捍卫了正义，坏人最终被制伏，胜利属于正义。在很大程度上，这些就是美国式价值观的体现。

美国式价值观渗透在大片中，畅行全球，对观众的影响潜移默化，比如我们可以从钢铁侠的身上学到承担责任，从美国队长身上学到爱国主义，甚至可以看到更多的价值观向往：蚁人反映的是普通人肩负责任的平民英雄主义，蝙蝠侠折射的是民间正义。

此外，在《超能陆战队》中，我们看到的大白温柔体贴、品德高尚、坚守底线；《哈利·波特》宣扬生命光辉、推崇正义力量、承载不屈抗争精神。由此可见，崇高的价值观不仅给故事的主人公注入了生命力，同时赋予 IP 作品永恒的魅力。

国内的 IP 作品中，《何以笙箫默》中主人公何以琛对爱情的忠贞不移，深深地感动了读者和观众。在日本的 IP 作品中，如《千与千寻》，主人公千寻身上散发的坚强与执着不乏人性的光芒，还有她与父母间的亲情、和小白之间朦胧的纯洁之爱。这些朴实无华的普遍情愫给予了观众最真挚的感动……像这样崇高而又美好的价值观，蕴含了众人对美好事物的向往与追求。因此，这样的 IP 作品具有不可替代的地位，长久地散发着无穷的魅力。

第二层是普世元素

普世元素是指根植于人性的各种普遍要素，经过文明洗礼所形成的能够促进人类精神朝圣的事物，它可以是已经存在的并不具有广泛争议的公共秩序以及风俗习惯。

普世元素既有具体的也有抽象的，既有理性的也有感性的，比如亲情、爱情和友情，以及正义、平等和尊严。好莱坞电影能够在全球范围内热映，除了其价值观超越了意识形态外，普世元素在电影艺术中具有不可估量的推力。

普世元素往往与人性、品质、态度和情感息息相关，比如《阿凡达》中推动杰克·萨利的是正义，《超能陆战队》中推动 Hiro 和反派博士的是亲情。

在国内作品中，比如金庸的小说《神雕侠侣》中推动杨过的是爱情，《天龙八部》中推动段誉的也是爱情，《雪山飞狐》中推动胡斐的还是爱情。

当然也有与美好相对的事物，比如欲望、丑陋、邪恶和战争，这与价值观有一定的联系，也有一定的区别。价值观隐藏在作品的背后，需要思考提炼，而普世元素则通过作品直接反映出来，比如特效、台词、道具、动作、场景、情节和人物等直观的表现元素，无须提炼，便能引发观众的共鸣。比如，《辛德勒的名单》将战争与邪恶赤裸裸地展示在世人面前。战争是人类的普世元素，即使没有经历过，也可以感同身受。

没有普世元素，就没有代表人类活动的符号，也就没有共同的话题和语言，无法使观众产生情感共鸣，因而往往很难走出国门，走向世界。最明显的就是周星驰的系列电影，对国内影迷来说，星爷可谓佳作频出，成为中国电影界的精品 IP，但是它们难以走出国门获得外国人的认可，其中最大的障碍就是星爷幽默和无厘头的台词，价值观可以理解，但是中外幽默的形式有一定的思维差异和文化隔阂，换言之，电影的元素（比如台词、无厘头）缺少普世元素，所以很难受到国外观众的青睐。

此外，2015 年《抓妖记》在国内热映，谁知飘洋过海到美国却遭遇滑铁卢。据悉，该影片在美国 40 多家影院上映，票房却不足 3 万美元，还被外国人批特效过时，剧情逻辑混乱，缺乏吸引眼球的元素。

是什么原因导致《抓妖记》在美国市场遇冷呢？据分析，其中大部分原因在于缺少普世元素，即使有普世元素也做得不够精细和深刻，识别度和认同感较低，因此外国的观众并不买账。

第三层是出奇制胜的故事情节

优秀的 IP 作品必然讲述一个独特的故事，只有独一无二的故事才能让受众有所收获，从而赢得口碑。从某种意义上讲，出版审查和影视审查并不会对 IP 造成致命的伤害，其实很多作品并非死在审查上，而是败在故事情节上，讲不好故事，IP 注定被受众判死刑。

比如，小说《花千骨》讲述了少女花千骨与长留上仙白子画之间关于责任、成长、取舍的纯爱虐恋；《哈利·波特》前六部以霍格沃茨魔法学校为主要舞台，描写的是哈利·波特在霍格沃茨前后 6 年的学习生活和冒险故事，第 7 本描写的是哈利·波特在第二次巫界大战中在外寻找魂器并消灭伏地魔的故事。这些故事情节皆出奇制胜，因而广受好评。

再如，《铁臂阿童木》讲述了未来21世纪的少年机器人阿童木身上发生的富有智慧、勇敢、正义的故事，《鬼吹灯》讲述了“摸金校尉”（盗墓者）的一系列诡异离奇的故事，《三体》三部曲讲述了地球文明在宇宙中的兴衰历程，《狼图腾》讲述了20世纪六七十年代一位知青在内蒙古草原插队时与草原狼、游牧民族相依相存的故事……

也就是说，没有一个IP作品讲述的故事是雷同的，优秀的IP的主题几乎可以用一句话加以概括。只有好故事，才能吸引受众关注，将读者带进想象的世界，他们才能真正享受精神盛宴。

对创作者来说，如何打造出奇制胜的故事情节呢？

首先，博览群书，泛读古今中外经典的作品，从中汲取养分，借鉴人类文明文化的成果。众所周知，很多作家的创作灵感都来源于名著或者其他作家的作品，阅读面越广，迸发的灵感便越多，创造的想象世界就越有特色。

以《魔戒》为例，它开创了奇幻小说的先河，向我们展现的是一个前所未有的、完全游离于现实世界之外的，甚至拥有自己的语言体系的世界。它植根于西方基督教文化的土壤，从北欧神话中汲取营养，既有基督教色彩又有明显的神话特征；它以二元对立的叙事方式探讨了人类一直在探讨的问题，比如生与死、明与暗以及人类出路的问题。毫无疑问，作者若没有极为丰富的知识储备，是不可能完成这一巨著的。

其次，经过大量的阅读，积累某一领域的知识，做好读书笔记。只有扎实的知识基础才能打造无懈可击的故事，以广博的知识为支撑才能让作品经得起时间和历史的考验。比如《鬼吹灯》《盗墓笔记》这类作品，作者熟知墓穴、风水、地理和风物等方面的知识，便可信手拈来。

其他作品也不例外，如《红楼梦》里面的植物、诗词、服饰、礼仪等，每一类都需要用一本专门的词典才能全部囊括，伟大作品所承载的知识可以汇总成一本百科词典。无论是《哈利·波特》还是《红楼梦》，专门的作品词典早已相继面世，庞杂的知识体系不禁让人赞叹创作者深厚的知识积累。

最后，自创知识体系。更有创意的故事是通过想象独创知识体系，脱离人类的现实世界，通过虚构，有逻辑地创造某一类知识。比如武侠小说中的毒药、武器、功力、招式也算是自成体系，根源于现实却高于现实，同样可以用一本百科词典来解读。

第四层是艺术的表现形式

在好莱坞大片中，宏大的场景、激烈的打斗和俏皮的台词为影片增色不少；在印度的影视作品中，热辣的歌舞、炫丽的服装和轻松的幽默都是人们关注的；日本的动漫、韩国的历史剧也具有极强的识别度……这些就是每个国度极富个性的表现形式，带着本民族的特色走向世界。

任何艺术都需要通过某种形式表现出来，这样才更直观，人们因而能通过艺术作品的形式认识内容，获得审美的享受。

IP作品也是如此，欠缺形式美的艺术，无论其内在如何优质，都会功亏一篑。这就好比一栋建筑，内在的框架、结构都很完美，但是外部的装饰非常糟糕，这栋建筑毫无疑问是失败的。事物的形式美能诱发人们去欣赏它。

内容与形式是IP作品的两面，形式受内容支配，但反过来又影响内容的表现。一切美的内容必须由一定的形式表现出来，一切形式美也不能脱离内容而存在。

如何培育优秀的 IP 作品

IP 作品的形式和内容多样，下面我们将着重讲述从网络文学开始走红的 IP，并顺着这条路径探讨一下如何培育优秀的 IP 作品。

相对于自生自灭的作品，阿里文学联合平台培育新作者、扶持新作品，为 IP 的成长从源头上提供了较大力度的支持。

2015 年 7 月，阿里文学总编辑周运在 2015 年塔读原创作家年会上，宣布了阿里文学首个 IP 衍生案例，阿里文学将和黑岩阅读网及九游联合推出《阴阳代理人之逆天者》手游。

据介绍，该游戏改编自暗修兰的鬼怪悬疑作品《阴阳代理人》，小说曾在黑岩阅读网首发连载，累计点击量 3.2 亿。另外，塔读文学在会上发布了“大牛作家养成计划”，未来将加强发掘、培养、包装和推广新锐作家以及有潜力作者的作品。同时还宣布，阿里文学总编辑周运将兼任塔读文学荣誉总编辑。阿里文学将在新锐作者培养方面与塔读文学深入合作。

目前，阿里文学新人和潜力作者的投稿都已交由塔读文学编辑团队初审。未来，阿里文学会把优质作品优先推荐到九游、阿里影业等合作公司创造版权衍生机会。

在网络文学发展突飞猛进的背景下，成功的IP虽不多但光彩夺目，整个网络文学IP业态呈现金字塔结构，最底层的是无数的草根作者，中间是小神与中神，塔尖是大神以及白金作者，后者的作品授权费用甚至达到千万级水平。

目前中国网络作者有数百万人，按收入和粉丝数可分为5级。最低级是普通写手，也被称为“扑街”作者，他们的作品阅读量不大，并且作品常不被推荐，不少人签约上架后半途而废，有玩票性质，年收入上千元已经不错；再往上是年收入10万元以上、粉丝10万人以上的“小神”，他们是文学网站的基石；当然，年收入50万元、粉丝数十万的“中神”在全国有几百人；而“大神”的年收入则超百万元，粉丝也超百万；最顶尖的网络作者被称为“白金作者”“至高神”等，此类作者凤毛麟角。

在2014年的网络作家榜上，版税收入前三名是唐家三少、辰东和天蚕土豆，版税收入分别为5 000万元、2 800万元和2 550万元。如果算上订阅收入和作者福利，这样的白金作者或有二三十人。

随着 BAT 等互联网巨头将网络文学提升至战略高度，对作者和优质 IP 资源的抢夺愈演愈烈，草根网络写手迎来了黄金时代，同时为自主培育 IP 提供了机会。

近年来，盛大文学、腾讯文学、百度文学等文学平台竞争激烈，有的用资本和流量造神，在短平快运营模式下，砸出了一些小神，由于先天不足、后天发育不良，富有号召力和影响力的“精品大神”却未能应运而生，所以这种大规模外在因素掺杂的造神运动终归不是 IP 理想的成长模式。

平台在反思，作者也在琢磨。从长期来看，质量仍是关键，沉淀而成的佳作还得靠慢慢培育。

在很多网络作家心中都有一个主流化和成名的梦想，很多人认为自己比郭敬明强多了，也理所应当拥有更好的社会地位，而草根作者也不能完全依靠 KPI（关键绩效指标）至上的腾讯文学，如何建立自己的粉丝群进而创立自己的品牌是一个亟待解决的问题。

占平台

目前，互联网空前发展，给作者的曝光提供了各种各样的平台，比如文库、博客、豆瓣、贴吧、社区、微信公众号、微博、论坛、QQ 空间、新闻网站、网络电台、视频网站和微信朋友圈，甚至是线下的读书会、研讨会、培训会、演讲会、文学沙龙，都是很好的曝光平台，而不只拘囿于在文学网站发表作品。

原创作家比如唐家三少和江南在微博上经营自己的作品，在微博上招募粉丝，高调讨论作品，获得了许多粉丝的积极响应，改变了创作者固守文学网站的习惯。

如今成名的IP创作者大多都开通了网络社交账号，以便与网友交流和沟通。借助社交平台，网络作家可以绘制新的定位和品牌化路线图，尤其是对于那些新兴网络作家，社交平台提供给他们更多“成名”的机会，新创作者必须充分利用社会化媒体。

作品在文学网站，营销在社交媒体，这是文学创作与推广的必然之路，也成为当下很多创作者的选择。如果仅在社会化媒体上泛泛地吆喝几声，不与粉丝互动、讨论，很难达到良好的营销效果。

因此需要创作者参与论战，营造话题，制造新闻热点，这样有利于增加曝光度，也是IP培育中的关键。从网络论战、话题策划营销到作品口碑相传，步步为营、循序推进，为IP个人品牌化打下扎实基础。

以百度贴吧为例，在贴吧里建立对应的作品吧就是很有效的营销平台，可以为新生IP作品提供了不错的生长环境。以获得全球华语科幻星云奖的科幻系列小说《星陨》为例，作者周敬之于2012年年底在科幻世界吧首发《星陨》连载，获得很多科幻迷吧友的支持。

由于内容非常好，吧友们一路追随，见证了此书的成长，甚至在创作过程中，粉丝们还为书的内容提出建议，义务发布原创手绘的插图，形成此书的核心粉丝群。

获奖后，周敬之坦言奖项不只属于自己，更是属于在贴吧内支持他和《星陨》系列的吧友。这一句话道出了贴吧粉丝对提升 IP 作品的知名度与价值的重要性。

挤入口

如果平台是 PC 端最基础的载体，那么入口是移动互联网文学的风口。

移动互联网飞速发展，大部分人都选择在手机客户端上阅读，这已经成为不可逆转的潮流，目前各大网站平台移动端的流量几乎都超越了 PC 端。

要增加作品的曝光率，除了抓住平台，还得抓住入口，两手都要硬。没有入口，移动阅读无法引导你的目标受众，更无法拓展流量。

在移动端，目前微博有书、百度阅读、豆瓣阅读、微信阅读等都在重点推广自己的 App，意在抢占移动互联网时代的变量市场。

移动支付的便利也是网络文学的重大利好。用户不仅可以随时随地阅读，还可以随时随地付费。因此，移动支付、移动阅读和移动社交共同创建出一个网络文学的新市场空间。

IP 作品本身重要，读者群也重要，因而抢占入口是 IP 创作者的必备技能。

放长线

放长线是指作品持续更新，将作品的连载数量往上提，时间可以拉得更长，但前提是作品确实深受网友的追捧。

这样做的秘诀是，在创作的过程中设置悬念，层层推进，牢牢地黏住网友，不断地汇聚粉丝。这样做的好处是增强 IP 的生命力，延长其生命周期。

如玄幻小说《斗破苍穹》全书有 530 多万字，作者从 2009 年开始创作，到 2011 年完结，大部分时间里都保持着每日更新。另外一本《诛三计》全书不到 20 万字，虽然最后被腾讯视频自制改编，但在用户的集聚上差了很多。还有一部小说《凤唳九天》，此书是 2013 年和 2014 年最畅销的女频网络小说之一，全书 150 多万字。2013 年 1 月开始连载，2014 年完结。

通过百度热度指数对比这三部作品会发现：在作品更新期间里，人气会慢慢聚集，并有一个相对比较稳定的增长阶段，而在完结之后会出现断崖式跌落。《斗破苍穹》在 2011 年 7 月完结，《凤唳九天》在 2014 年 4 月完结，百度指数都出现了严重下跌就是最好的例证。

这一艰难的坚持，主要作用是在留住原有读者的同时吸引新读者。当读者积累到一定量级时，就能迎来最终的爆发。

深爱《哈利 · 波特》系列的人都知道，作者一连写了 10 年，一代人在他们过去 10 年的岁月里陪伴哈利一起成长。这 10 年中，老的读者不离不弃，新的读者不断加入。

作家罗琳在过去 10 年里，将一个单纯的魔法故事层层推进，最终成为最后一部深谙爱和责任之下厚重、大气的名著；哈利更是从一个被姨妈一家百般虐待的柔弱小男孩成长为一个有责任、有担当、在关键时刻勇敢扛起爱和责任的大旗，拯救魔法界的勇士。

无论你是当年那个懵懂的少年，还是今日日渐成熟的青年，哈利 · 波特都仍会是你的最爱。哈利 · 波特的形象始终伴随着读者的成长岁月，作者用放长线的方式，在岁月中打造出一个超级 IP。

一个超级 IP 的产生不可能一蹴而就，更不可能避开时间的筛选和沉淀。南派三叔曾在一场产业峰会上表示，当初自己写《盗墓笔记》的时候没有任何资源，成长为超级 IP 的唯一方式是时间。最好的超级 IP 一定经过长时间发酵，《盗墓笔记》消耗了 8 年的时间，

国内有一个人写一本杂志，并且坚持了 20 年，他就是“童

话大王”郑渊洁。他凭一己之力，作为唯一的撰稿人在 20 多年的时间里创造了“童话大王”这个品牌，这个长线放得比罗琳还长。郑渊洁在商业运作上也得益于长线写作，在 IP 上可谓硕果累累。

寻求突破口

先不要计较有多少回报，先让自己的作品见光，从“触网”到“触电”是最理想的选择。当 IP 转化为影视作品时，会大大增加知名度，进而获得更多的议价筹码。

未出名的 IP 创作者与出品方前期签署的合同可能不够合理，自己会吃亏，但是从长远来看获得了作品曝光的机会，找到突破口才是 IP 作品前期的重要任务。

找到突破口后，文学作品提供了 IP 内容，IP 作品通过动漫、音乐、综艺、影视、游戏等形式，将影响力扩大，以获取更多的利润，这是最常规的做法。

另外，IP 创作者也要善于沟通和交流，不要闭门写作，必须充分利用行业论坛、媒体报道、跨界交流、文化沙龙等机会开展社交活动，找到一个突破的机会，让业内人士发现你的作品。

从舆情传播的角度来说，制造话题也是一个不错的突破口。如今 IP 业界风起云涌，不仅是平台之间白热化的竞争，写手之间也经常有口水战，尤其是是否抄袭、是否侵权等，都是制造话题的契机。因为抄袭或者剽窃最容易成为新闻热点话题。目前业内对抄袭或剽窃的界定主要根据两部作品中故事主情节、人物设定、故事走向等进行综合判定。如果有人涉嫌剽窃你的作品，你可以在维权的同时制造话题噱头，吸引公众的注意力，这也算是一种巧妙的突破口。

当然，制造话题不能仅仅局限于此，还可以主动寻找其他话题。摸索突破口要结合具体情况来分析，争取抢占先机。

品牌化运营

同样一个 IP，在有的人手里是钻石，在有的人手里却是普通的石头，一切要看你会不会运营。只有专业化、品牌化、系统化的运作，才能最大限度发掘出 IP 的潜在资源，让 IP 爆发出惊人的经济能量，创造出不菲的利润。

在此不妨以阅文集团统筹运营 IP 全产业链为例，IP 的品牌化开发任务由阅文集团的版权营销部负责，版权营销部由拓展组、授权组和公关组三大职能模块组成。

拓展组的职能是负责集团小说 IP 的对外合作与衍生开发，在对外合作中，以制作方、投资方等角色参与 IP 产品的制作，并且承担市场包装、周边产品制作等衍生开发。

授权组依托集团海量的全品类优质内容，向影视、动漫、游戏、有声读物、图书出版、教育地产、网站视频和微信公号等领域合作方开展对外授权业务，是业内最大的版权授权方。

公关组负责集团品牌形象塑造，以及对包括版权营销部在内的集团各业务部门提供市场推广等公关支持。

以上三大职能组相互协作，形成阅文集团版权营销的强势合力。以《择天记》为例，版权营销部在小说连载前即着手做明星化规划包装，拓展组制作宣传片、主题曲、全套人物设定，以及众多周边产品，并付出巨大的努力促成动画开发。

作品上线后，公关组完成《择天记》新书发布会，逐步推高作品人气，并促成与腾讯影业等合作方对电影、电视剧、舞台剧的开发，这条产业链最终创造了不错的利润。

与此同时，授权组与吉林出版社、巨人网络就《择天记》图书、漫画、游戏达成授权协议。公关组负责传播策划及执行，峰值时曾推动《择天记》百度指数增长982%，达到13.4亿用户的曝光量。这就印证了品牌运营化和系统化所提升的效率，未来所有的IP公司的运作都离不开类似的基础架构。

开启产业化模式

自移动互联网诞生以来，移动文学区别于传统在线文学的一大特点是：作品不再需要大量文字打天下，而是更偏重于故事的紧凑性与趣味性，依靠灵感和创意吸引读者。

现在的年轻人深受网络文化的影响，追求的是更接地气、方便快捷、轻松嬉笑的娱乐方式，映射到 IP 作品开发中，也就是以“短平快”的方式展开，让阅读能够在碎片化的时间里完成。简短的篇幅、明了的描写，从冗长的 PC 端文体到快节奏的移动端文体的转变。也就是说，网络文学已经更新至 3.0 版，创作者必须与时俱进。

实际上，网络文学创作的金矿在 IP 衍生，而非收费阅读。针对文学 3.0 时代的 IP 特点，创作开创了两种模式：一是内容产品线，二是聚合众创。

内容产品线，也就是创意、生产、推广、运营和出品像一条流水线，运用产业化理念进行流水线作业。在生产过程中，结合当下比较流行的新闻热点、网络事件、网络热词以吸引眼球，又或者将作品细分，比如分成玄幻修真、职场生活、青春浪漫、宫廷斗争、战争谍战、恶搞戏虐。

然后，针对每条产品线，以项目制方式运作，集策划、运营、推广、销售、出品于一体。以月为单位进行小说 IP 的创制，旨在每类产品线上都能源源不断地创制出精品 IP。

聚合众创模式是根据用户的喜好，以策划为主导，通过选题策划 + 线上征稿 + 结集出版或者拍摄影视作品这一路径，实现商业化创作。比如，汤圆出品的网络剧《游戏时间到》就是由40余万名作者开启集体创意众筹而来，这说明聚合众创模式是行得通的。现在很多IP管理公司正朝着这个方向发展，这也是未来的趋势。

如果有一个优质的IP，一家小公司也许会借此走进大众的视野，延伸来看，如果有一个扶植草根写手的平台，那么每个草根写手都有机会挖掘自身的潜在价值。

根据受众定故事

所谓群众的眼睛是雪亮的，也就是说，创作者可以根据受众的要求决定情节走向，根据他们的喜好来调整故事情节。

成立于1939年的漫威今年已经77岁。当年失意的出版商马丁·古德曼创立漫威时只有三名编辑，如今它已经成为美国两大漫画公司之一（另一家是《蝙蝠侠》和《超人》的出版商DC漫画公司）。漫威在70多年的时间里打造了众多世人耳熟能详的超级英雄：蜘蛛侠、钢铁侠、雷神托尔、绿巨人和金刚狼等，以及复仇者联盟和银河护卫队等超级英雄团队。

在电影制作方面，2008年成立的漫威影业有一套区别于好莱坞的制片人模式：六人制片人委员会。该委员会一般由公司高管、高级编辑和漫画作者组成。在电影开拍前，委员会会结合时代和观众喜好改编漫画中的故事情节，让影片能被更多人接受。

例如，在 2008 年拍摄首部《钢铁侠》前，委员会决定把故事背景“与时俱进”地从“越战”时期修改到阿富汗战争时期，但基本情节保持不变，主角斯塔克因险些丧身于自己企业研发的武器而被迫制造了一套神奇的盔甲，并决心利用自己的工业设计天赋使自己成为一名超级英雄。

一些参与前期筹备的剧本写作专家认为，这个剧情设定过于浅显，根本走不通，但是在委员会的坚持下，他们屈服了。全球 5 亿美元的票房收入也证明了委员会的决定是正确的。

这个故事给我们的启示是什么呢？我们面对的是受众，商业化创造过程中，受众才是衣食父母，必须尊重他们的口味去制造产品——无论是物质产品还是精神产品。

对网络文学作品来说，创作者可以从读者的骂声中对作品进行调校，而不是沉浸在我行我素的想象之中。大量读者的智慧比创作者一个人的智慧更多，故事走向完全可以在 IP 营销阶段根据受众的需求而定。

比如《鬼吹灯》，为了在悬念设置上做得更好，作者张牧野在博客上留下了邮箱，每天都能收到好几十封读者来信。根据反馈，他不断推翻自己之前的悬念设置，绞尽脑汁地设计新的桥段。

根据受众来定自己的故事，他们可能会给你意想不到的灵感，打开你的思路，但是你也要警惕过度依赖。

2015 年度国内典型的 IP 剖析

2015 年，中国影视剧行业借 IP 之力，实现了口碑与利润的双丰收。下面我们精选几部精品影视剧，从 IP 运作的角度进行剖析，以此让后来者得到有益的启发。

《甄嬛传》

由小说改编成电视剧播出后，《甄嬛传》掀起万人空巷的观剧热潮。该剧也创下东方卫视电视剧有史以来在上海本地数据和全国数据的最高值。截至 2016 年 1 月底，《甄嬛传》的网络点击量将近 70 亿，被坊间尊其为“国民电视剧”。

原著小说《后宫·甄嬛传》自网上连载以来，其优美细腻、极具古韵的文笔和跌宕起伏的情节，引起了网友们的强烈关注。热门 IP 的知名度给该剧夯实了一个良好的根基，剧本改编后选择了“落地”的做法，将故事巧妙地安排在雍正年间。为了符合史实，作为编剧的原著作者流潋紫用了一年的时间搜集资料，无论是皇帝的用膳规则，还是后宫的封号等级排位，都进行了严谨考据。

《甄嬛传》的戏说不再基于趣味化的穿越，而是着重描述了深宫、多角博弈、后宫传说等元素，更加细节化、故事化、情感化，用此起彼伏的勾心斗角和恩怨情仇堆积出人物的命运，侧写了时代的样貌、揣测了宫廷生活。

《甄嬛传》对后宫争斗的展示比一般宫廷剧更为辛辣，但绝不是歌颂阴谋、欣赏斗争，而是借一个个女性的理想和生命的惨烈毁灭，揭示出帝制时代的腐朽本质，这是《甄嬛传》区别于同类题材剧的关键所在。

如今，“甄嬛传”这一 IP 的深度挖掘才刚刚开始，电影、手游、漫画正呈现出全面开花的态势，让我们拭目以待。

《步步惊心》

《步步惊心》曾被誉为最适合改编为电视剧的穿越小说，几轮上星也的确取得了相当不错的收视成绩。截至 2016 年 1 月底，网络总点击量将近 50 亿。

《步步惊心》展示的是康熙九子夺位那段凶险跌宕的宫廷斗争，题材比较老套。但它以穿越为引子，旧瓶装新酒将故事重新演绎，加入了很多的现代元素。

无论是剧情还是制作方面，《步步惊心》均十分严谨。剧中感情线丰富，剧情曲折感人，历史演义和凄美绝伦的爱情结合得天衣无缝，让一个虚构的人物穿插在历史中却不会让看客们觉得突兀或诧异，从而摆脱了一般古装电视剧的窠臼。

制作方面，剧中人物所着服饰与布景都很精良，符合历史，礼仪严谨。该剧演员的表现亦可圈可点，完美地呈现了性格各异的人物。

从一部网络小说逐渐衍生出图书、影视剧、游戏、广播剧、话剧、越剧等多种周边产品，乃至成为一个跨领域发展的流行文化品牌，可以说，正是这种以优质IP打造优质IP衍生品的商业模式成就了《步步惊心》，使之构建为一个成熟的、可持续发展的IP产业链。

《何以笙箫默》

《何以笙箫默》的故事正是2015年最热门的青春伤爱题材，但不同于往昔的言情剧。实际上，它不是对青春怀旧的残酷描摹，而是清新有爱，爱有痕迹，“等待”和“不愿将就”的感情观在其中得到了升华，从而变得更积极、更温暖。在最时尚的包装下，讲述了一个阳光暖心的痴恋故事。

从网络起家，《何以笙箫默》图书已加印50多次，畅销百余万册。电视版由原作者顾漫任编剧，由于作者把握了故事的核心情节、对人物深入挖掘，即使在电影版骂声一片的情况下，电视版以其诚意的改编与精良的制作突出重围，取得了最高收视率 1.522%、网络播放量超 64 亿的骄人成绩。

回顾该 IP 的发展历程，无疑得益于互联网的飞速发展，在口碑积累中奠定了广泛的受众基础，终于变成一个名副其实的大 IP。该 IP 依托“内容 + 应用 + 平台 + 终端”的生态，在开发方与创作者的紧密配合下，最大化地挖掘和转化了 IP 价值，从而让该 IP 成为泛娱乐产业发展中最成功的开发典范。

《琅琊榜》

《琅琊榜》根据海宴同名网络小说改编，以平反冤案、扶持明君、振兴山河为主线，讲述了“麒麟才子”梅长苏以病弱之躯拨开重重迷雾、智博奸佞，为昭雪多年冤案、扶持新君所进行的一系列斗争的故事。梅长苏在国仇家恨、兄弟情义的旋涡中见招拆招、游刃有余，奏出了“江左梅郎”赤子之心下的一曲慷慨悲歌。

作为山东影视传媒集团回归古装题材的重点项目，《琅琊榜》在创作上非常严谨，对细节的追求与大手笔投入都彰显了打造精品剧的诚意。《琅琊榜》网络版权一举创下 8 000 多万元的高价，这在“一剧两星”时代十分难得。

2014年10月15日，《琅琊榜》亮相戛纳电视节，海外版权迅速售出并创下业内海外版权销售高价。

顺荣三七旗下的三七互娱获得《琅琊榜》网页游戏版权，该页游在37游戏平台开服仅2个月，月流水即突破了4 000万元人民币。掌上纵横获得《琅琊榜》手游版权，游戏上线仅10天，流水就超过1 000万元人民币。

从《琅琊榜》游戏版掘金的经验可以看出，选择顶级IP是成功的保证。

《花千骨》

电视剧《花千骨》自播出以来，就受到了一众粉丝的好评。

首先，选角给力，霍建华颇具仙气的扮相与原著相比还原度甚高，赵丽颖活泼可爱的形象也深入人心。

其次，由于剧本仍由原著作者操刀，所以故事主干清晰明了，叙事顺畅，情节渲染铺垫得也恰如其分。电视剧版《花千骨》仿佛就是禁受了一道化骨绵掌，即使肤体有损，但骨骼样貌依旧有形有状。IP改编向来是众口难调，不改没有新意，改了会得罪某些忠实粉丝。不过，争议似乎也并非坏事，观众在观剧期间的弹幕风、吐槽风、唇枪舌战也助力了收视率的火热攀升，最高达到了2.14%，网络点击量超过20亿。

关于呈现出的作品与原著既定形象的匹配度，1 000个读者有 1 000 个“白子画”与“花千骨”，各位观众心中自然都有自己的标尺。面对拥有众多书迷的小说，改不改、如何改成为电视剧能否俘获粉丝的大问题，这也是一个 IP 能否成功影视化的一个关键点。

《盗墓笔记》

《盗墓笔记》是拥有 2 000 万粉丝的现象级网络小说，在开拍初始网友就对吴邪和张起灵的选角给予了极大关注。该剧采用了新颖的网络季播剧形式，但受题材所限，网友吐槽改编成电视剧后的逻辑出现了很多硬伤。

除了剧情改编引起了原著粉丝的不满，该剧略显粗糙的特效也饱受诟病。不过该剧的演员阵容多是时下当红“小鲜肉”，加上新鲜的题材，还是抓住了 90 后和粉丝们的眼球，所以呈现出“弹”“赞”齐飞的模式，赢了点击率，却输了口碑。

不过作为一个标志性的超级 IP，除了电视剧，《盗墓笔记》已悄然完成了电影、游戏等多领域布局。业内人士认为，围绕《盗墓笔记》的 IP 版权销售、广告、游戏收入、衍生产品等市场价值预估超过 200 亿元人民币。

以 IP 为核心，各模块之间形成互联，快速完成原始用户的积累及影响，最终融合呈现多维度、立体式的交互，这是每个 IP 运营者都想要达成的目的。《盗墓笔记》在这条路上迈出了第一步，至于它究竟能走多远，就要靠时间来检验了。

《芈月传》

《芈月传》讲述了中国历史上第一个女政治家芈月曲折传奇的一生，是由互联网视频网站乐视网自制的大剧，也是中国互联网视频行业自制大剧最为成功的案例。

数据显示，播出两周，《芈月传》在乐视全平台累计播放量高达 27 亿次，首轮播出结束时，网络点播总量为 210 亿次，首轮播出结束两周后,每天仍以七八千万次的点击量持续增长。

在北京卫视和东方卫视，《芈月传》长期稳居同时段收视榜单前两位，成为当之无愧的“剧王”。50 个城市平均收视率数据统计显示：东方卫视是 2.867%，北京卫视是 2.809%，两台相加总和是 5.676%，超过了 2015 年四星连播时任何一部电视剧的最高收视率，是 2015 年度传播到达率最高的电视剧。

《芈月传》的制作由传统影视制作公司与互联网公司联手，宣传发行阶段，视频网站巧妙地进行线上造势和推动，通过新颖的互动和精准的营销设计，开创了立体式营销模式，这对未来的 IP 产业发展来说是很有意义的探索。

国外优秀的 IP 剖析

了解了国内的 IP 精品的概况，我们再来看看国外优秀的 IP 是怎么操作的。真正做 IP 开发的创造者，之所以能够创造完美的 IP 产业链，与他们的精品意识和所处的文化市场有很大的关系。

《哈利 · 波特》

《哈利·波特》是英国作家 J·K·罗琳的魔幻文学系列小说，包括 7 部作品。该系列小说被翻译成 67 种语言文字，所有版本的总销售量逾 5 亿册，是世界最畅销小说之一。

美国华纳兄弟把这 7 部小说改拍成 8 部电影，前 6 部各一部电影，第 7 部分成上下两部电影。《哈利 · 波特》电影系列是全球史上最卖座的电影系列，总票房收入高达 78 亿美元。

与《哈利·波特》相关的衍生产品更是不胜枚举，各行各业的制造商模仿影片中出现过的魔法物品制造产品，销售火爆。在如今风靡的网络购物中，只要与《哈利·波特》系列沾边的商品都拥有巨大稳定的消费群体，这个群体随着《哈利·波特》系列的不断推出而日益增加。

华纳兄弟与奥兰多环球影城联合在环球影城内建造了一个“哈利·波特的魔法世界”主题公园，这个投资5亿美元的魔法世界将于2016年4月7日正式对外开放。作为环球影城冒险岛主题乐园的一部分，魔法世界必将成为哈迷们向往的旅游胜地。

《魔戒》

《魔戒》是英国牛津大学教授兼语言学家托尔金的史诗奇幻小说，被公认为近代奇幻文学的鼻祖，为《霍比特人》之续篇。本书讲述了中土世界第三纪元末魔戒圣战时期，自由人民为反抗索伦追求自由而誓死抵抗黑暗的故事。《魔戒》总共写了12年才完成，耗时4年修改，出版于1954～1955年。

《魔戒》已被翻译成超过60种语言文字，并衍生出艺术插图、音乐、电影、电视、广播剧和游戏等不同作品。

取材《魔戒》、由彼得·杰克逊执导的《指环王》系列电影共荣获30项奥斯卡提名、17项奥斯卡金像奖。其中，《指环王 3：王者无敌》成为奥斯卡史上获奖最多的影片。

2004 年，《指环王 3：王者无敌》获得第 76 届奥斯卡金像奖最佳影片奖，全球上映后再一次掀起了原著的热销狂潮。

小说《魔戒》之所以被称为经典 IP，因为它包含了一个极具特色的元素——独一无二、自成体系的想象世界，这是经典 IP 中最重要的元素。

《阿凡达》

《阿凡达》是由詹姆斯·卡梅隆执导、20 世纪福克斯电影公司出品的科幻电影，该片于 2009 年 12 月 16 日以 2D、3D 和 IMAX-3D 三种制式在北美上映。截至 2010 年 9 月 4 日，该片以全球累计 27.54 亿美元的票房，一举刷新了此前由《泰坦尼克号》保持的长达 12 年之久的票房纪录，成为有史以来最卖座的电影。

该片还获得第 67 届金球奖最佳导演奖和最佳影片奖，第 82 届奥斯卡金像奖最佳艺术指导、最佳摄影和最佳视觉效果奖。2010 年 3 月 7 日，第 82 届奥斯卡奖颁奖，《阿凡达》成为有史以来获奖最多的电影。

将《阿凡达》推上票房之巅、将多项大奖收入囊中的正是 IP 组成要素中最外层的表现形式。在高科技特效的辅助下，《阿凡达》给予观众淋漓尽致的视觉享受，逼真的 3D 特效将潘多拉星球上的一切都渲染得惟妙惟肖，完美的星球生态如梦似幻，生命中彼此间可以交流，树木间、人与兽间都能通过“触须”传递信息……这一切都让银幕上的外星世界呈现出一种前所未有的诗意与和谐。

《星球大战》

《星球大战》系列电影是由卢卡斯电影公司出品的科幻电影。卢卡斯电影公司首先于1977年推出了《星球大战》，之后分别在1980年和1983年推出了《星球大战2》和《星球大战3》。1999年、2002年和2005年又陆续推出《星球大战前传》系列三部影片。《星球大战7：原力觉醒》于2016年1月9日在国内上映。

迪士尼收购卢卡斯影业之后正式迈入“快餐时代”。从2015年开始，计划每年夏季推出一部《星球大战》题材的电影，《星球大战》的第8部和第9部预计将分别于2017年和2019年上映。

有的电影注定不只是电影。乔治·卢卡斯的《星球大战》在1977年的问世创造了一个现代神话，因其前所未有的太空场面、纷繁复杂的星系斗争，而被称为“继摩西开辟红海之后最为壮丽的120分钟”。

《星球大战》三部曲是“电影史上的里程碑、20世纪最重要的文化事件之一”，其影响覆盖全球。《星球大战》系列也是集美国文化的精华和发展能力之大全的电影。

《星球大战》是一个超级 IP，战线拉得特别长，梦幻般的视觉奇观让人翘首企盼。该系列电影集中使用了最先进的高科技及数字制作手段，创造了一个前所未有的太空世界。它对宇宙中各种星系、文明、生物的描述，它所创造的各种形状奇特的外星人与航天器，它所表现的波澜壮阔的太空场景和星球大战场面，使其他作品难以望其项背。

从票房的角度看，它在全球创下了不可思议的票房纪录，各类衍生品的销售也空前火爆，每部《星球大战》放映期间，周边话题更是风靡媒体……综合各方面来看，《星球大战》是电影史上的经典 IP。

《千与千寻》

《千与千寻》是日本颇具影响力的 IP 动画电影，于 2001 年 7 月 20 日在日本正式上映。《千与千寻》讲述的是一个名叫千寻的 10 岁小女孩随父母搬迁到另外一座城市，途中因走错路而误闯神灵们洗澡休憩的世界，并且由于千寻的父母贪食触犯了规则而变成了猪，千寻为解救父母不得不选择坚强成长的艰难旅程。

这部作品的成功令集编剧和导演于一身的宫崎骏的动画事

业攀上了人生的巅峰。《千与千寻》不仅获得柏林国际电影节最高荣誉金熊奖，还获得奥斯卡最佳长篇动画奖。它展现了动画大师宫崎骏瑰丽奇异的想象力，具有极其丰富的故事内涵。

《千与千寻》是日本电影票房中占第一位的作品，不论是艺术成就还是经济效益都处于空前绝后的巅峰位置。

“宫崎骏”这个名字本身是一个优质 IP，他的作品更是超级 IP，他总是喜欢在自己的作品中构建奇妙魔幻的动画世界，具备了非常强的 IP 辨别度。

从 IP 产业链的角度来看，日本一部动画《千与千寻》创造的票房收入超过我国动画产业所有动画的票房，这不能不引人深思。一部《千与千寻》为动画制作商和投资商创造了巨额利润，同时作为一个成功的精神文化产品，它将持续发挥经济作用和文化作用。也就是说，经典 IP，一颗永流传持续，永远有挖掘不完的价值和内涵。

《蝙蝠侠》

蝙蝠侠是 DC 漫画公司旗下的超级英雄，1939 年 5 月于《侦探漫画》首次登场，是漫画史上第一位没有超能力的超级英雄。

随着时间的推移，对蝙蝠侠这个角色的不同诠释也纷纷出现。不仅形象和装备发生了变化，风格也产生很大差异。20 世纪 30 年代他是黑夜中的侦探，40 年代他是温和的家长，50 年代他在进行科幻冒险，60 年代后期的蝙蝠侠电视系列剧采用了夸张滑稽的美学处理方式，导致电视剧结束后的数十年蝙蝠侠仍然脱离不了剧中的形象。

而20世纪80年代弗兰克·米勒执笔的短篇漫画集《蝙蝠侠：黑暗骑士归来》与《蝙蝠侠：元年》，以及蒂姆·伯顿执导的真人版电影的成功，又让蝙蝠侠回归了他原本晦暗的基调。在那之后的漫画中，蝙蝠侠的现实性和局限性都增强了，敌人也比从前更加强大、狡猾和疯狂。他的精神创伤被一再强调，变得越来越彷徨和孤独，日益走向偏执和黑暗。

由此可见，有些经典的 IP 形象之所以经典，并不是因为它一成不变，而是因为 IP 形象会不断地“成长”，随着时间而变化，融入了适应时代发展的主题元素，IP 形象会越来越立体、越来越丰富，呈现动态的变化，符合时代的审美观，加强了粉丝的认同感。

《变形金刚》

变形金刚是美国孩之宝公司从 1984 年起至今与日本 TAKARA 公司合作开发的系列玩具和推出的系列动画片 / 影片的总称。孩之宝公司根据复杂程度和还原程度对变形金刚产品进行分级，包括传奇级、加强级、领袖级、终极等多个级别。

20世纪80年代，“变形金刚”系列玩具和动画曾风靡全球，积累了大量的粉丝，而这些人现在已经成为电影消费的主流群体。因此受益于之前“变形金刚”品牌运作的红利，2007年电影《变形金刚》一上映，即掀起一股观影热潮，全球票房达7.097亿美元；2014年《变形金刚4》在内地最终揽入19.71亿元，成为中国内地票房史上当之无愧的王者，而且“变形金刚”系列玩具全球销量超过百亿美元。

《美国队长》

美国队长是漫威打造的超级英雄，由乔·西蒙和杰克·科比联合创作，首次登场于1941年3月出版的《美国队长》漫画第一期。美国队长原本是一个身体瘦弱的新兵，在接受美国政府的实验改造后变成了“超级士兵”，其力量、速度和耐力等各项体能都远超常人，并且拥有由世界上最坚硬的金属吸音钢制成的盾牌，从此以美国队长的身份为美国及世界在“二战”中立下显赫战功。

《美国队长》漫画面世之时，欧洲和亚洲战云密布，美国却置身事外，许多美国人都担心德国独裁者希特勒的威胁。1941年，日本偷袭珍珠港，终于将美国卷入第二次世界大战。《美国队长》漫画以诙谐的手法描述主角制伏希特勒，风靡一时，被视为美国精神的象征。

后来，在“二战”尾声的一次行动中，美国队长与宿敌红骷髅战斗，并掉入大海被冰封近 70 年，直到被神盾局发现并解冻后才加入复仇者联盟。此后在美国队长的领导下，复仇者联盟出生入死，赢得一次又一次近乎不可能的胜利。截至 2007 年，美国队长系列漫画销量超过 2.1 亿册，遍及全球 75 个国家。

一个优质的人物 IP，成为国家精神的象征，可歌可泣。从某种意义来说，IP 是有灵魂的，《美国队长》是美国娱乐史上最经典的人物 IP，陪伴了好几代美国人成长，甚至融入他们的灵魂世界，深深地影响了美国人的价值观，这是非常了不起的事情。

《复仇者联盟》

复仇者联盟是漫威打造的超级英雄团队。1963 年 9 月发行第一期，初期成员为钢铁侠、雷神托尔、绿巨人、蚁人和黄蜂侠，从一开始复仇者联盟的成员名单便不断变动，第二期中绿巨人离队，美国队长加入。

成员名单不断更改已成为复仇者联盟的特点，但一个主题从未变过，那就是专与单一超级英雄无法对付的敌人作战，这也是他们著名战斗口号“复仇者，集合”的由来。

复仇者联盟的成员包括人类、机器人、神、外星人、灵异生物，甚至还有改过自新的反派。虽然作风迥异，也会因此经常产生内部纷争，但他们总能团结成一个互补的战队，打击特别强大的邪恶势力。他们各显神通，团结一心，最终战胜了邪恶势力，保证了地球的安全。

复仇者联盟的全球粉丝数目众多，该 IP 的衍生品及主题公园也不计其数。

《海贼王》

《海贼王》是日本漫画家尾田荣一郎的作品。1997 年开始在《周刊少年 Jump》上连载，描写了拥有橡皮身体、戴草帽的青年路飞，以成为“海贼王”为目标和同伴在大海上展开冒险的故事。

路飞的每个伙伴都有着自己独有的故事以及性格，他们的冒险区域从一开始的东海到伟大航道前半段再到新世界。

《海贼王》的故事内容看似简单，却在日本深受喜爱，有同名的海贼王剧场版、电视动画和游戏等周边媒体产品。截至 2013 年 11 月，《海贼王》漫画的发行量在全世界突破 3.45 亿册，是全世界发行量最大的日本漫画。2015 年 6 月 15 日，《海贼王》更是以日本本土累计发行 320 866 000 本被吉尼斯世界纪录官方认证为“世界上发行量最大的单一作者创作的系列漫画”。

《海贼王》的相关周边产品在 2012 年度的市场规模约

1 000 亿日元。可见，作为大 IP 的《海贼王》，无论是在日本国内还是在全世界都拥有广泛的读者群体，而《海贼王》作为日本热血动漫乃至整个日本动漫的代表，也带动了其他动漫作品的发展。

第三章

如何与 IP 开发公司打交道

大公司有大公司的优势，小公司有小公司的潜力，敏锐的洞察力非常重要。目前 IP 产业方兴未艾，一切大有可为，选择合适的合作方才是好的开端。与此同时，由于 IP 越来越值钱，利益纠纷不断，开发与管理涉及多种多样的法律内容，因此在 IP 热的背后，还需要法律层面有清晰的认知，应该将规避法律风险摆在首位。

如何选择优秀的 IP 开发公司

从目前的发展态势来看，IP 产业将迎来 5 ～ 10 年的黄金期，IP 产业链估值上千亿元，除了不少公司囤积大量的 IP 资源外，还有很多小公司或者文化公司纷纷转型，希望在 IP 浪潮中分一杯羹。

于是乎，不少公司打着为创作者“孵化 IP、创造 IP”的旗号，以 IP 开发与管理的泛娱乐公司身份介入这一产业。但此举容易造成 IP 浪费，同时也因为操作不规范而引发不少官司，连很多大神级的创作者也不慎中招。

为了避免不必要的损失，创作者有必要提高警惕、认真辨识。为了维护自己的合法利益，选择有实力的正规公司成为第一道重要门槛，那么如何选择优秀的 IP 开发公司呢？

摸清基本情况

IP 开发公司多如牛毛，首先需要摸清公司的基本情况。可登录全国企业信用信息公示系统，查询该公司是否正规，以及注册时间、注册资金多少、股东是谁、规模多大、经营范围，查看一下经营情况是否存在异常，是否仍在经营，看看是否有异常情况，比如信用低、注册资金额度太小、经营异常等。

查询到公司正常营业后，不妨再将其公司名字和股东名字在百度上键入关键词，查询一下该公司及其股东是否有负面的新闻动态，或者官司纠纷，以此判断该公司是否诚信经营、是否具有一定的知名度、是否有成功案例和相关业绩介绍。

如果没有搜索到什么信息，那么这家公司必然还不够资深。综合来看，如果一家公司默默无闻，甚至经营范围中途更改，或者没有知名度，实力不足，那么与之合作还得小心提防。

判断是否专业

目前，国内版权经纪人制度不健全，缺少专业运营人才，这是制约产业发展的最大瓶颈。对全版权运营来说，需要将出版、影视、游戏、教育等行业有效联结起来，这要求服务方既掌握作者资源又熟悉版权知识，同时还具备市场运营能力，这些综合能力是专业化运作的前提。

因此，跟你接触的工作人员是否具备全套 IP 开发理念，熟稳 IP 开发流程，以及能否将你的 IP 能量发挥到极致，都是你应关注的问题。

国外优质 IP 的版权拥有者一般会将全版权委托给一家机构全权运营，很少会分散运营，但国内没有类似的版权经纪人制度，版权拥有者往往将权利授予多个单位，版权分散且重复。

目前，国内缺少核心的规划团队按照产品特性进行有规划、有步骤的运营，最终将 IP 的价值最大化地体现。产品线之间无呼应，也无法产生协同效应，因此真正意义上的全版权运营并未实现。

好在 IP 的全版权运营管理呼之欲出，IP 运营公司也在孕育之中。此时，选择一家相对专业的公司会让你的作品少走不少弯路。

了解 IP 开发是否完善

目前市场上的 IP 运营公司基本上分为三类：

第一类属于传统互联网内容提供商，例如万达影业和光线传媒，电视剧领域像新丽传媒、克顿传媒和唐人影视，它们的业务重点是影视，有一套影视运作的逻辑。

第二类就是渠道类，像优酷土豆等视频网站也会找 IP，然后找最好的团队帮助制作，做自制剧。

第三类是新型服务公司，既不属于视频网站，也不属于影视作坊，而是集中收购不知名的IP进行包装和开发。

行业巨头，比如华谊兄弟，重新梳理九大业务板块，并整合成三个事业群：

一是影视娱乐，包括电影、电视剧、音乐、艺人、时尚。

二是实景娱乐，学习迪士尼模式，如在海口建成“冯小刚电影公社”一条街。另外，华谊还在建设以集结号区、太极区、狄仁杰区等为主题的公园。

三是互联网娱乐，包括游戏、粉丝经纪产品、专门为互联网定制的内容等。

目前，很多有实力的公司借助影视风潮展开了跨界衍生经营、IP管理和运营。大型影视公司在IP专业化运营能力上更胜一筹，选择与它们合作自然更为靠谱。

IP产业是一条龙服务，并非停留在授权赚钱和维护盗版的层面，更需要有专业深入的开发介入。而这种规模宏大、产业链较长的经营模式，除了财力雄厚之外还需要能力卓越，一般小公司显然不具备这些实力。

但是，能够进入这些影视大鳄视线的IP为数不多，你选公司的同时，公司也在选你。

就目前来说，网络首推 IP 三叉戟——中文在线、禾欣股份、ST 星美，其次推荐奥飞动漫、华策影视、光线传媒、新文化、皇氏集团、向上影业等具备 IP 资源及运营变现能力的公司。

不过，久经 IP 争夺战的南派三叔说：“选择授权公司的话，我们经历了几个阶段。说句不太好听的话，大公司也未必靠谱。”他认为：“你要看一家公司、一个体系最大的战略是什么，跟你是否匹配。”

不过，不能一味追求公司的大小。事物都有一个发展过程，有的会从小变大，有的会从大变小。科幻小说作家郑军曾讲述一段早年他与文学网站合作的经历：

其实我属于最早在网络上推出的作家之一，只是太早了，1999～2001 年，当年推了我的作品的网站包括 E 书、书路，它们曾经是全国文学类网站前几名，现在都不存在了。

当时产业链刚形成，没这么完整，这几个文学网站都拿不到钱，自己烧完就死掉了。当时全国网民才几百万，影响力也不如今天。我的《时代之舱》就是那个时代的一个老 IP。

E 书是武汉朋友做的，书路是石家庄朋友做的，它们是和网易、搜狐差不多一代起来的网站。人家拿到钱了，他们没拿到，就死了。榕树下可能是那一代唯一幸存的文学网站吧，其他基本都没了。

2005年中文在线刚上线的时候邀请科幻奇幻作家，开过一个幻想文学座谈会，我也在被邀请之列。当时，科幻圈有刘慈欣、王晋康、我、凌晨和苏学军。奇幻圈有今何在，可能有江南，还有其他几个作者，不熟悉。

当时中文在线的老板童之磊主持座谈，那时候感觉他就是个小商人，中文在线是个小网站，和他们合作也不挣钱，就没深入下去，没想到2015年中文在线上市了，还拉了十几个涨停板……

郑军当年看不上的小出版公司，如今已经成为国内数字出版和IP开发领域的领军者。也就是说，大公司有大公司的优势，小公司有小公司的潜力，敏锐的洞察力非常重要。

国内大型 IP 开发公司总览

在上市公司中，我们可以沿着产业链梳理出一批 IP 概念股，包括中文在线、禾欣股份、ST 星美，以及奥飞动漫、光线传媒、华策影视、完美环球、皇氏集团。

中文在线

目前，中文在线的主业由数字阅读产品、数字出版运营服务和数字内容增值服务三大板块构成，其中数字阅读产品是主要业绩来源，未来以 IP 运营为中心的增值服务具备较好的弹性，优质版权内容与泛娱乐产业、教育产业、“粉丝经济”的深度融合潜力巨大。

中文在线拥有“17K 小说网”与“四月天小说网”两大原创网络平台，其中“17K 小说网”处于第一梯队，市场份额约占16.3%。

网站目前拥有注册用户数3 400万，驻站网络作者40余万，月活跃作者数超过3万，点击过亿作品20余部，日创作字数超1亿，以《官途》《超级兵王》《龙血战神》等为代表的签约作品，在腾讯网、凤凰网、百度、掌中浩阅等合作网站和阅读器上取得前十名的优异成绩。

未来中文在线将继续巩固第一梯队的行业地位，加强传统网文的精品化内容建设、跨界多元化和个性化内容的建设、作家和作品的“粉丝经济”建设、针对90后和00后用户群体的内容建设，并通过对作家提供从培养到IP商业价值开发等一体化合作运营机制形成黏性，有针对性地推出全新的优秀作者扶持计划、作者基础福利计划、个性化多元化创作福利等政策，在满足其个人商业价值开发的同时，强化文学内容与游戏、影视、动漫等其他产业的融合发展。

中文在线致力于打造“文学+”产业链新形态，凭借在上游占据丰富领先的IP版权优势，未来将进一步强化实力实现IP的商业价值最大化，与影视公司、游戏公司合作将IP产品化，建设IP的泛娱乐生态系统。

慈文传媒

慈文传媒借壳禾欣股份登陆资本市场，打造“全网剧+网络剧”产业新生态。2015 年为该公司登陆资本市场的元年，年内现象级大制作《花千骨》《华胥引》相继热播，仅《花千骨》就为公司带来 1.68 亿元的收入。

此外，同年《暗黑者 2》《执念师》《花千骨 2015》等网络剧登陆爱奇艺平台，《执念师》在搜狐视频表现突出，周点击量超 4 000 万。目前慈文传媒以囤积优质 IP 版权为核心竞争力的发展策略，以及围绕 IP 打造“全网剧 + 网络剧”的经典产业链组合，为未来发展提供了巨大的空间。

慈文传媒精准的嗅觉加超强的影视制作能力创造了收视奇迹，同时拥有海量 IP 储备。自 1999 年成立以来，慈文传媒先后打造出《西游记》《七剑下天山》《5 号特工组》《刀客家族的女人》等热门作品，在剧情把握及演员塑造上一直领跑全行业。公司未来凭借其海量的 IP 储备以及出众的 IP 产品化能力将不断扩大市场份额，成长空间巨大，预计将有《亵渎》《老九门》《爵迹》等人气大作相继上线。

影游一体，互动营销。《花千骨》在 IP 运营上视频与游戏同步上线，互动营销取得了巨大的成功，不仅网络视频点击量超过 150 亿，游戏持续数月月流水过 2 亿元。2014 年顺网科技以 1.08 亿元入股慈文传媒，为公司在 IP 产业链中注入游戏基因，为深度开发 IP 价值、打造优质 IP 全产业链提供了保障。

欢瑞世纪

2015年，ST星美成立了全资子公司欢瑞世纪（北京）营销策划有限公司，开始向文化产业转型。在IP装备竞赛中率先圈地，欢瑞世纪无疑坐拥巨大的商业价值。公司早前独具前瞻眼光，囤积诸多国内顶级IP，包括仙侠玄幻小说开山鼻祖《诛仙》，最热门的武侠作品《昆仑》《沧海》，探宝类小说《盗墓笔记》等。

欢瑞世纪的各项业务正围绕优质IP展开，有望培育出超天价系列作品。此外，玄幻、盗墓、武侠等题材的作品有望延伸至游戏、实景娱乐等周边领域，实现真正意义上的影游互动，打造大IP泛娱乐产业链。据悉，电视剧《大唐后妃传之珍珠传奇》和《诛仙》已经进组筹备开拍，由杨幂、李易峰主演的电影《怦然心动》也已上映。

电视剧的演员阵容通常是决定作品影响力和销售价格的主要因素，而欢瑞世纪则擅长以好的作品捧红有特点的演员（如《古剑奇谭》的热播使李易峰、陈伟霆名声大噪），并通过合作将其纳入麾下。此举不仅降低了制作成本，而且分享了艺人身价的增值，赢利杠杆更高。

2015年，一部号称单集制作成本500万元的天价网络剧《盗墓笔记》引爆爱奇艺VIP平台，首播点击量达1.6亿，VIP开通请求达到260万。爱奇艺视频App借此一举登上App Store畅销榜第二名，成为首个进入榜单前三的视频应用。截至2015

年 9 月底，该剧点击量近 26 亿。

欢瑞世纪作为行业新锐，不断在运营模式上有所创新，大胆尝试周播剧、网络独播剧，其后续 IP 产品化加速，多元化运营模式将处于主导地位。

奥飞动漫

2015 年 8 月，奥飞动漫以 9.04 亿元收购北京四月星空网络技术有限公司，四月星空旗下的“有妖气”网是国内最大的互联网漫画创作、连载和发行平台，汇聚了超过 4 万部漫画作品以及超过 2 万名画手，平台日点击量 4 000 万次以上，注册用户接近 700 万。奥飞动漫将“有妖气”收入囊中后，进一步完善了公司产业链结构，打通影视产业链上、中、下游。

“有妖气”平台推出过不少高人气作品，例如《雏蜂》《十万个冷笑话》等，在网络端的点击量及搜索指数爆棚，改编的影视作品也取得了骄人战绩。以《十万个冷笑话》为例，作品以恶搞和吐槽风格以及 80 后独有的记忆片段引起观众共鸣，创下令人咋舌的网络点击量和动画播放量。《十万个冷笑话》大电影于 2015 年上映，以 1 500 万元的制作成本取得 1.19 亿元的票房收入。

在 IP 开发上，奥飞动漫正在努力建设 ACG（动画、漫画、游戏）平台，前景值得期待。

华策影视

2015年，华策影视制作的全网剧在电视端与网络端均取得不俗战果：全网剧在互联网播放量达到830亿，同比增长74%，2014年至2015年上半年互联网播放量TOP 25中有7部出自华策影视；TV端共推出10部电视剧，电视台首播数量稳居第一。

华策影视拥有较强的开发运营IP的能力，以全网剧商业模式升级传统电视剧，市场份额保持在15%以上。其上半年推出的《何以笙箫默》作为一部现象级作品，同时段收视率稳居全国前二，互联网点击量近100亿。公司在2016年还将陆续推出《翻译官》《锦衣夜行》《怒江之战》《微微一笑很倾城》等超级IP剧，成长空间巨大。

除了全力开展全网剧业务，华策影视在电影、综艺娱乐领域同样积极布局，其制作的《破风》《太平轮》《小时代4》《刺客聂隐娘》《剩者为王》等，都是票房口碑俱佳的作品。

与此同时，华策影视制作的综艺节目《挑战者联盟》正在浙江卫视热播。强势切入综艺娱乐领域之后，将陆续推出《一票难求》《为你而歌》等综艺节目，有望成为中国最大的全内容供应商。

华策影视拥有超百人的业内最强的数据团队，通过大数据打造影视制片服务体系、平台合作服务体系、艺人经纪服务体系、内容创意收集体系，将娱乐内容产业带入大工业时代。

光线传媒

错过了《大圣归来》的光线传媒迅速“亡羊补牢”，与其主创团队田晓鹏等四人共同设立了十月文化。同时，其全资子公司出资 1 500 万元于第一波合资共同设立光威影业，出资 3 750 万元与嘉印文化共同设立光印影业。三家公司将对光线传媒所拥有的《蛮荒记》《查理九世》《西游记 3D》等多部 IP 进行影视剧开发。通过合资公司方式开发运营产品，光线传媒在 IP 竞争中抢占先机的同时降低了风险，进一步巩固了公司影视内容龙头地位。

公司雄厚的资金实力对 IP 的开发起到决定性的作用，光线传媒依旧是行业内最有实力的大片推手，该公司出品的《港囧》热映并不断刷新票房纪录，上映一周累积票房 9.66 亿元；2015 年年底上映的《寻龙诀》改编自超级 IP《鬼吹灯》，也备受关注。

游族影业

游族网于 2014 年成立游族影业，并启动了 IP 跨界布局。从游戏行业跨界到电影领域，游族将围绕大 IP 布局泛娱乐，打造影游新生态。

游族影业于 2015 年公布了 4 个项目，其中包括签下刘慈欣和蔡骏两位知名作家的经典小说，以及与著名导演高群书、丁远大展开合作，投资他们的新作品《华夏之王》《恐龙大赛车》，以及最受关注的超人气科幻小说《三体》系列，目前影片总投资 12 亿元。

此外，游族影业强化 IP 布局影游联动，助推游戏精品。除电影计划外，《三体》的网剧、手游、页游、动画、话剧等一系列周边产品也已经进入开发阶段。涵盖电影、游戏、动漫等诸多商业模式的 IP 已经成为互联网时代整个娱乐产业的核心因素，也是产业跨界融合的关键点。游族做电影正是基于泛娱乐产业跨界融合的发展态势来考虑，未来将以大 IP 的开发来带动、整合相关元素来打造泛娱乐产业的影游新生态。

如何签署文学 IP 开发合同

IP 热经久不息，有关 IP 的合同纠纷也纷纷见诸报端。

《九层妖塔》于 2015 年 9 月 30 日在内地院线上映，作为首部将小说《鬼吹灯》搬上大银幕的作品，该片受到了外界的极大关注，并取得近 7 亿元票房。但上映后，《九层妖塔》遭受诸多非议，特别是故事背景、情节及人物设定、性格等方面与《鬼吹灯》小说截然不同，这一点引发了观众的吐槽和“灯迷”的不满。

这正是天下霸唱认定《九层妖塔》“侵犯作者署名权及保护作品完整权”的重要依据，他认为影片除人名源自原著外，情节、背景均完全背离原著，侵犯了其保护作品完整权，并且改编内容还招致书迷批评天下霸唱，影响了天下霸唱的声誉。除此之外，天下霸唱的诉讼请求中还提到了侵犯属于人身权范畴的署名权，在《九层妖塔》的电影片头和海报上，“天下霸唱”四个字均未出现。

2015 年 4 月 7 日，小说《芈月传》的作者蒋胜男以《芈月传》电视剧出品方花儿影视公司“涉嫌虚假宣传、侵权”为由，向温州鹿城区法院提起诉讼。但当时因为处在电视剧拍摄过程中，“涉及商业机密”，法院中止了诉讼。

一波未平又生一波，花儿影视公司以“在电视剧播出前出版、发行小说《芈月传》的行为构成违约”为由，反诉蒋胜男。11 月 24 日下午，北京市朝阳区人民法院宣布了一审判决：认定蒋胜男违约，判令立即停止同名小说的出版发行。

法院经审理认为：根据蒋女士与星格拉公司签订的《电视剧剧本创作合同》《补充协议》《授权书》，蒋女士负有在电视剧播出前不出版原著及在网络上发布的义务，蒋女士自愿将改编权转让，且已收到改编许可使用费 50 万元，53 集电视剧的编剧费 185.5 万元。蒋女士未提供有效证据，证明制片方同意小说在 2015 年 6 月底出版或小说出版发行得到花儿影视公司授权，故其在电视剧播出前出版、发行小说《芈月传》的行为构成违约，应承担相应的法律责任。

蒋胜男对判决结果非常愤怒，但又苦于拿不出有效证据。她的代理律师李鑫石曾说："根据合同，双方是有个约定，要在电视剧播出的同期才能出版。但是签完这个合同，双方又做了口头变更，允许我们在 2015 年 6 月 30 日出版小说。所以现在他是根据合同起诉，我们也有相应证据，就看法院怎么处理了。"

法院当然以合同为准，口头变更就算是真的也是"口说无凭"。

这是 IP 纠纷中的典型案例之一。IP 火爆，制作人或者导演直接跟作者联系，签署 IP 开发合同。但是有的作者认为改编在即、收获在望，毫不犹豫地签署合同，这为后续埋下了隐患。

2014 年，有新闻爆料说《何以笙箫默》一书卖两主，版权可能陷罗生门。乐视、光线两大影视公司均对外称获得了电影版权，乐视还公布了包括黄晓明和杨幂的主演阵容。作者顾漫认为她与乐视的三年版权合约已于 2014 年 9 月 10 日到期，因此又与光线签约。而乐视反驳其已在 2014 年 8 月 20 日（即合约期限内）取得的摄制电影许可证，合法拥有剧本完整著作权及电影拍摄权。

该案法律问题的关键是看合同规定的时间点。专家认为，版权合同对合约期限内双方要履行的条款需要有不同设定，即在合约到期前，做到什么程度算是合法拥有版权。有的规定是片方取得摄制电影许可证即可，有的规定开机即可，有的规定是需完成拍摄，有的甚至规定需获得公映许可证。

因此，具体到顾漫与乐视之间的合约，要看双方在合同期内对具体条款是如何理解和认定的，鉴于双方对外发出的声明都没有披露合同的关键点，所以无法判断到底谁侵权了。要判断就必须了解合同内容及双方的履行情况。”

此外，顾漫还透露，乐视娱乐于2012年在未告知她的情况下，申请注册了“何以笙萧默”商标（使用范围包括影视、游戏与图书出版），目前她已经委托律师向商标评审委员会提出商标异议，进入法律程序。

从以上影视IP侵权案件中可以看出，侵权行为多涉及署名权、版权和著作权，以及制作方在修改IP剧本时超出了“必要的改动范围”，从而侵犯了作品完整权。还有一些影视作品在未经原著版权拥有者许可的情况下，擅自使用原著内容、结构框架和人物名称等，导致侵权纠纷。更有一些影视作品存在“跟风”现象，盗用热门IP之名，行“挂羊头卖狗肉”之实。

针对IP授权和官司纠纷，南派三叔曾经在媒体上说：

我是以打官司著称，我签了很多合同，从原来什么都不懂，到现在律师说的，我都可以找到相应的条款。特别是中国《著作权法》不是很完善的情况下，都是靠合约当中非常详尽的描述。我们对一个概念的描述都需要花相当多的时间和精力。

举个例子，业内一般认为网页游戏和手机游戏是两个不同的渠道类型，但是在法庭上，法官会告诉你网页游戏和手机游戏在《著作权法》里并没有清晰的界定。所以你在合同里写“仅授权网页游戏开发”，就会埋下一个法律纠纷的隐患。你需要对网页游戏进行界定。什么是网页游戏？网页游戏是没有下载端并使用浏览器玩的游戏。这些都需要在合同里写清楚。一般来说，此类合同中有一大半篇幅用在各种界定上。

《哈利·波特》的授权合同就像一本书，大约 7 万字，各项都有明确的规定，最大限度地保护创作者的利益。对绝大多数创作者来说，他们连合同都很难看明白，因此在 IP 授权时最好找专业律师协助自己。

不过，大多数名气不大的作者并不愿意寻求律师协助，因为收益本身不高而律师费不菲，这也是可以理解的。这些作者在签订合同时，该如何，保护自身权益呢？

首先，着眼于大方向，作者要先读懂国内知识产权法等相关法律法规，明确知识产权方面的法律概念和常识，了解一下历年案例和法院依法公布的知识产权案例，对此有个大致的了解。

其次，对作者来说，需要警惕格式化的合同范本，非专业人士往往很难发现里面的陷阱。因此在签署IP开发合同时，有必要咨询一下认识的律师朋友，由专业人士把握法律风险，以维护自己的合法权益。

最后，因为IP开发与管理涉及多个开发环节，所以尽量不要打包授权。此外，IP的名字以及IP作品中的名字和情节，都需要做出详细的规定。这些专业的法律事务，可以请律师或者专业版权代理机构代劳。

下面，我们就文学作品出版时最容易引发官司的地方进行一一讲解。

明确衍生权利

翻译版权、繁体版权、电子版权、影视改编权和主题公园建设等是IP作品的衍生权利，需要在合同中明确。

建议

只签确定会运作的项目。如果出版机构有意向，再针对性地补签相关授权，并且要确定利益的分成与方式。若有出版机构称要先签合同再运作，那么建议非独家授权于他们，并且约定行使权利前需取得甲方的同意。

稿件修改

编辑会基于市场因素或作品本身对稿件提出高要求，这无可厚非，但是也有出版机构将屡次修改当作拒绝出版的借口，白白浪费作者的心血与精力。

建议

若作者还在创作中就决定签约，尽量收取预付金并约定修改次数（出版社一般无预付）。在此情况下，若合同终止，定金是不退的。

出版时间

正规的出版合同都有出版时间的详细约定，但有一些民营出版机构，特别是小工作室打着出版机构的名义大量收稿做出版代理，与他们打交道就要小心了。

建议

规定出版期限，如果未按期出版，作者可单方面终止合同，另寻出版机构。作者有权在合同中提出违约担责的条款，需要明确赔偿条款，并在合同中事先约定具体的赔偿数额或比例。

首印数

作者所得到的版税金额 = 版税率 × 印数 × 图书定价，可见版税收入多少由三个因素决定，侧重任何一方都不妥。如果出版机构无职业道德，隐瞒印数，作者难免遭受损失。有的出版机构将“印数”改为“实销数”，也就是说，作者即便确定了首印量和版税率，并且图书定价明确，也难以计算自己的确切收入。

建议

作者需要在印数的计算方式上争取到合理利益，并且在合同中明确出版方加印时通知作者，以查核销量。

合同期限

目前，出版机构的合同期限一般为 3 ～ 10 年。理论上，合同期限越短对作者越有利。

建议

一般来说，为了保障甲乙双方的权益，签 5 年左右比较合适。太短了，出版机构不一定同意；太长了，作者利益受损。

容易忽视的法律问题

明确授权内容、授权形式、授权期限、授权地区、授权开发的类型、利益分成以及确定署名权、改编权、邻接权、著作权等等，规避法律风险。

如何规避 IP 开发的法律风险

IP 文学作品的合同只是 IP 开发公司中比较重要的一部分。随着 IP 的深度开发，利益纠葛会慢慢显现，法律风险随之增加，越知名的 IP 越容易惹上官司。

下面，我们将针对一些经典的 IP 纠纷案件，进行专业解读，希望读者能够举一反三。

创意授权合同与电视剧剧本委托创作合同

2015 年，《芈月传》的作者和电视剧出品方之间一系列的官司吸引了公众的注意力。因为在电视剧播出之前作者出版了同名小说，出品方认为此举涉嫌违约。

《芈月传》同名小说究竟能不能在电视剧播出前出版？浏览双方的微博可以看出，蒋胜男与出品方签署的合同有两项内容，即“故事核心创意授权”和“电视剧剧本委托创作”。在创意授权中，蒋胜男保留了小说权，但编剧合同的内容则是委托创作。

解读

原著改编授权与剧本委托创作是两个不同性质的合同。如果属委托创作合同，那么版权归委托方所有；如果是原著改变授权合同，改编方则只依据合同享有相关开发权。作者需分清楚，改编和编剧两者的存在区别。

原创作者参与编剧如何署名

在蒋胜男与出品方的纠纷中，双方争议的焦点在于编剧的署名。蒋胜男认为自己提交了全部剧本，且对方支付了所有的稿费，也并没有提出更多沟通修改的意见，拍摄后编剧却变为“王小平　蒋胜男”，并在后期变为“原创编剧：蒋胜男　总编剧：王小平”。

解读

在合法取得的前提下，如果制片方（改编方）获得了作者的改编权，那么制片方在合同没有说明演绎改编的程度以及约定署名的情况下，有权处理通过合同约定所取得的与作品相关的各项权利。也就是说，制片方在本案中的行为合法。

为了避免此类纠纷，作者和制片方之间除了必须明确作品是委托创作还是版权改编，对作品的署名必须在合同中具体约定，从而杜绝编剧署名上的争议。

合同授权范围

《芈月传》纠纷的另一个争议点在于衍生产品开发等权益。有分析人士认为《芈月传》这个 IP 的价值高达四五亿元，其中包括游戏授权在内的衍生开发。因此合同授权范围便成为 IP 产业链中一项重要的内容。

解读

网络小说的 IP 授权范围非常宽泛，包括网络剧、漫画、电视剧、电影、舞台剧、主题公园、游戏、动漫、图书、音乐制作、QQ 表情、微信表情等。特别值得注意的是，在游戏开发中，情节、人物、情景、名字等需要有不同的授权界定，不能笼统一概而论。

也就是说，首先，授权开发的范畴必须明确，并且用法律术语固定解释，比如“电子版权”，就应该通过明确的定义进行界定，以免日后发生利益冲突时出现“咬字”纠纷。其次，明确未获得授权的内容不得擅自开发和销售，如需开发，开发方必须通知作者并获得授权，否则作者有权保留追责的权利。

影视项目的版权归属问题

影视项目的投资方可以利用影视项目做进一步开发吗?

比如《芈月传》火了，是不是可以开发《芈月外传》? 要不要征得作者同意? 如果第三方投资开发《芈月外传》，是否构成侵权? 是否需要获得《芈月传》影视版权方或者作者的许可?

解读

这个看合同是否写入了衍生作品，是否也授权给了投资方，若无约定，权利仍属原权利人。总之一句话：看约定。

在没有取得授权时，与原权利人无任何关系的第三方投资开发《芈月外传》涉嫌侵权，如需开发，必须从原权利人处取得授权。

原作品和演绎作品

2006 年，天下霸唱完成了《鬼吹灯》小说的创作。其后，玄霆公司取得了小说的版权，并许可城漫公司将《鬼吹灯》小说改编成《鬼吹灯》漫画。

2007 年，游趣公司与城漫公司签订了授权合约书，约定城漫公司作为《鬼吹灯》漫画作品的著作权人，授权游趣公司以该漫画作品形象为基础开发网络游戏。

游趣公司向城漫公司支付版权费 200 万元并组织团队进行

游戏开发。在游戏宣传过程中，获悉这一情况的盛大集团旗下的玄霆公司、麦石公司以侵犯《鬼吹灯》小说的著作权及改编权为由起诉游趣公司，游趣公司为此向玄霆公司支付授权金 200 万元，赔偿麦石公司 300 万元。

而后，游趣公司认为城漫公司未取得原著作权人（《鬼吹灯》小说著作权人）的网络游戏改编授权，违反了合约书中约定的合同义务为由，请求法院判令城漫公司归还版权费 200 万元并赔偿损失 500 万元。因为合同中约定的是《鬼吹灯》漫画的授权，并未提到《鬼吹灯》小说的授权，据此上海二中院驳回游趣公司的诉讼请求。

游趣公司在 2007 年为拿到《鬼吹灯》的非独家 IP 授权付出 900 万元（该数字尚未将诉讼费及律师费计算在内），其教训昂贵而又沉重。

解读

作为独立的作品，原作品和演绎作品均有权在各自权利范围内授权改编游戏。公司在收购 IP 前，首先应当明确 IP 收购需求，以便确定涉及的是原作品还是演绎作品。

比如原作品是小说，演绎作品是动画，若游戏改编仅仅需要动画人物形象，不需要整体情节，则只需要获得演绎作品授权；若游戏改编需要小说的整体情节，不需要动画人物形象，则只需要原作品授权；若游戏改编不仅需要动画人物形象，还需要小说的整体情节，则需要原作品和演绎作品的双重授权。

因此，公司应该通过前期调查，确定IP的作品范畴。当然，作者也应该明确作品授权分为原作品和演绎作品的授权，并在合理的范畴内授权。

影视剧中使用的歌曲

2009年年初，王华发现电视剧《走西口》大量使用他的音乐作品，累计时长达401分钟。证据搜集、资料整理等工作耗费了老人3年时间。

2012年2月，山西民歌《走西口》音乐作品著作权人、时年80岁的王华终于拿到了电视剧《走西口》制片方支付的2.5万元稿费，维权之路如“走西口”一样艰辛。

据新闻报道，已退隐音乐圈多年的词作家靳树增收到了一笔“意外之财”。《夏洛特烦恼》因在影片中使用了由他作词的经典歌曲《相约一九九八》，电影投资方主动支付给他音乐版权使用费3万元，并将他的名字打在了大银幕上。

解读

围绕影视作品中使用音乐的侵权官司，制片方和音乐版权方在法庭上唇枪舌剑，在近年来的新闻报道中屡见不鲜，《夏洛特烦恼》制片方的“主动”不仅为行业树立了标杆，还避免了官司纠纷。

主张权利的时间

版权官司频发与近年影视产业的爆发式增长不无关系。中国电影文学学会副会长汪海林曾说："作为电影和电视剧维权方面的负责人，我接到大量投诉，如新人编剧为了得到机会，往往不签合同，也不要稿费，等到影视剧播出后再主张权利。还有很多年轻编剧缺乏从业经验，没有议价能力，容易受骗，我们行业组织会帮助他们维权。"

解读

在签约前，通过合同表达自己的诉求，而且签约时最好聘请律师，将自己的诉求以法律语言清晰表述。

作品完整性

2015 年岁末，《鬼吹灯》系列小说的作者天下霸唱起诉《九层妖塔》侵权。据天下霸唱的代理律师透露，天下霸唱以侵犯作者的署名权及作品完整权为由，起诉陆川及中国电影股份有限公司，要求被告停止侵权、公开道歉并赔偿人民币 100 万元。

《九层妖塔》虽然改编自《鬼吹灯》系列第一部《鬼吹灯之精绝古城》，但是故事和原著大相径庭，电影上映时曾引来很多"灯丝"的不满，更被网友调侃为"中国式打怪片"。上映后，天下霸唱才知原著被大改。

解读

作者在签订合同的时候，应当认真研究合同条款，尤其关注保护作品完整性的权利，这是著作权人依法享有的合法权益。作者可以依法主张权利。当然，作者也有权授权大刀阔斧地改编。

申请“诉前禁令”

2015年年末，电影《寻龙诀》热映之时，电影原著小说《鬼吹灯》的版权陡生波澜。《鬼吹灯》版权商、起点中文网经营者上海玄霆娱乐向浦东法院申请诉前禁令，理由是北京世纪卓越信息技术有限公司旗下的亚马逊网站、掌阅科技股份有限公司的掌阅书城和掌阅 iReader 客户端，涉嫌以虚假宣传方式进行不正当竞争。

浦东法院裁定，两名被申请人立即停止在销售小说《摸金校尉之九幽将军》过程中使用“电影《寻龙诀》原著小说”或“《寻龙诀》原著”字样。

解读

“诉前禁令”是指法院依照一方当事人请求，在提起诉讼前责令侵权人停止有关行为的措施，以防止延误可能给权利人造成不可弥补的损害或者证据被销毁的危险。

IP越来越值钱，利益纠纷也就越来越多，这是由IP作品在前期的合同中存在无法预料的漏洞所致。未来几年，著作权纠纷将更集中，所以在签署合同前，甲乙双方都需要吸取同行的教训，委托专业律师对合同把关，尽量消除潜在的纠纷。

第四章

IP 开发公司如何实现产业化

被不断循环开发的 IP 代代相传，这是优质的 IP 具有强大生命力最基本的体现。随着持续的开发和艺术加工，长尾理论在 IP 产业链中发挥出了优势。因此，选择一部作品的时候，一定要考虑到其艺术的衍生能力。

如何选择高质量的 IP

如今，在网络文学、游戏、动漫、图书、影视等领域，形式多样的 IP 乘风而起，良莠不齐。在开发 IP 的过程中，该如何识别高质量的 IP 呢?

判断是否有独特且自成体系的想象世界

前面已经讲过好的 IP 需要具备的要素——价值观、普世元素、故事情节和表现形式。这几个要素隐藏在 IP 作品中，经过分析提炼可以将其一一呈现出来。

纵观古今中外的知名 IP，创作者展现给世人的是闭合的想象世界。在这个世界里，场景、情节、人物、背景都是独特的，自成体系。创作者张开想象的翅膀，为受众构建宏大的框架，所有的人物、故事和场景都是独一无二的，所有情节都在一定的价值观下展开。比如，《西游记》中的魔幻世界，《哈利·波特》中的魔法世界，《笑傲江湖》中的武侠世界，《鬼吹灯》中的盗墓世界，《三体》中的宇宙世界，《千与千寻》中的灵异世界，《魔戒》中的奇幻世界……

高质量的IP，首先，一定不能是跟风之作。前人创作过的作品，尤其他们的作品已经登上类似题材的想象世界的金字塔，万万不可轻易触碰，除非传递的理念、故事颠覆了前人。以《三体》为例，它被视为“中国科幻文学里程碑”。科幻作品多如牛毛，《三体》能脱颖而出，原因是什么?

如《三体》的出版商、科幻文学杂志《科幻世界》主编姚海军所说，《三体》体现了前沿的想象力，让读者看到中国人在想象世界里到底能走多远。有读者这样评价，虽然外星智慧介入地球文明演进的故事在科幻领域已算老梗，但《三体》仍成功营造了“既熟悉又陌生”的科幻氛围。

其次，作品主题多样化，不同阶层的人都能从中受到启发。《三体》在IT界也非常流行，因为互联网生态的现状恍如《三体》所描述的黑暗森林，对手总是躲在背后，一旦发现猎物，便发起毁灭性打击，契合了当下互联网生态的现状。

小米科技创始人雷军做出这样的评价：“《三体》不仅仅是本科幻小说，本质上是哲学书，主要讲宇宙社会学，其中提到的黑暗森林、降维攻击尤其深刻。”

此外，价值观和原创性非常重要。《三体》中的很多观点都具有原创性和颠覆性，将人类的想象力推向了最前沿，而且这部作品折射出对真理、美好和平等普世价值的向往，也让作品散发出美丽的光芒。

再如《哈利·波特》系列小说，作者罗琳为读者营造了一个独立于现实的魔法世界。在这个魔法世界里，人物有自己的生活方式、言谈特色，还有现实中无法实现的魔法。

这个世界是自成体系的，有完整的家族谱系，有魔法的起源和发展，就连霍格沃兹魔法学校也是一个有校训、有详细的课程安排、有教授、有二级学院、有年度比赛活动的地方，与现实中的高校别无二致。

受众可以想象自己脱离现实，成为魔法世界的一分子，生活于其中，抛开现实的烦恼。但是这个世界脱胎于现实，人性和较量仍保留现实中的影子，观众和读者依稀能看到现实存在的丑恶一面在魔法世界里的投影。这里也有等级、血统和歧视，有战争、伤痛和死亡，有嫉妒、恐惧和愤怒。

可以说，罗琳谨慎的心思体现在一草一木、一砖一瓦之上，甚至人物的名字也深有考究，匠心独运，这个独特与魔幻的世界让人着迷。如果没有独特且自成体系的想象世界，很难想象这一系列小说能够受到各个年龄层读者的喜爱。

判断中心主旨是否多元

优秀的IP的中心主旨是多元的，从不同角度可以有不同的解读。主题虽然是多元的，但根源还是在现实世界，发源于人类的精神世界，探讨人类面临的种种矛盾、困顿、生存体验和生活看法。

因而，不同阶层、国籍和时代的读者都能从中读到为之一震的内容，关怀的主题贯穿整个人类历史。经典作品即使经历几千年的时光洗礼，也能焕发无限的生机。这就是优秀的IP的魅力。

比如《魔戒》一书讲述了中土世界第三纪元末魔戒圣战时期，自由人民为反抗索伦追求自由而誓死抵抗黑暗的故事。有人认为，它影射了“二战”以及环境保护主义者的主张，但作者托尔金断然否认他的作品包含讽喻内容。

其实，《魔戒》是多元的，它植根于西方基督教文化的土壤，从北欧神话中汲取营养，既有基督教色彩又有明显的神话特征；它以二元对立的叙事方式探讨了人类一直在探讨的问题，比如生与死、光与暗以及人类出路的问题。

再如众人熟悉的名著《西游记》，有人说它是魔幻小说，有人说它探讨了佛教的发展，有人认为其中心主旨就是告诉人们历经磨难才能取得成功，还有人认为它呈现世俗世界和精神世界的双重极权——皇权和神权，更有甚者认为这是对儒道释三种价值体系的喜剧化嘲笑和反讽。

作为一部神话小说，《西游记》的故事引人入胜，包含的母题丰富而宽泛，诸如反抗、取经、游历、冒险、受难、性禁忌、修成正果，其中心主旨广泛且多元，成为超级经典 IP 自然是情理之中。

当然，多数作品并不具备主题多元这一元素，这也不是超级 IP、经典 IP 的必备条件，不过作品一旦具备这一元素，必然有助于其成为大 IP。

判断是否具备多元开发优势

优秀的 IP 蕴藏的财富值惊人，少则千万，多则上千亿，关键是看 IP 的潜力以及开发者的能力。如果开发者能力有限，往往会造成 IP 的无谓损耗。

对于判断 IP 作品的潜质，IP 创作者（开发者）前期就需要为网络剧、电视剧、电影、游戏、出版物、舞台剧、歌剧、社交、电商、衍生产品甚至主题公园、教育培训等多种媒介形式留出充足的创作空间，做好衍生品商业化开发的前期规划，保证 IP 的长期衍生能力。

以迪士尼为例，他们在动画作品的创意阶段，就会根据人物形象、故事情节分析确定最优运营形态，并做好全面规划。

一个 IP 的出发点可能是从一部网络剧或小说开始，下一步开发成电视剧、电影和游戏，这是IP的纵向开发。横向开发则可能是从一部剧出发，发展为漫画、舞台剧、线下乐园等衍生品。

如今，IP尤其需要超强的传播能力，要实现社会化媒体、手游、短视频之间的互动，拓展IP产业链的商业变现途径。也就是说，市场热度不是判断IP质量的唯一标准，必须在IP前期设计上融入助力传播的元素，否则衍生开发与变现将相当困难。

只有通过影视这道最基本的门槛，后续开发才有可能水到渠成。加西亚·马尔克斯所著的《百年孤独》可谓经典之作，但由于小说情节涉及了布恩迪亚家族七代人，情节跳跃较大，逻辑并不清晰，所以无论是影视作品还是游戏都很难改编，也因此不具大规模衍生开发的潜力。

细节上，比如基于IP开发游戏，它必须具备统一的世界观、合理的场景、鲜明的人物角色，跌宕起伏、层层推进的情节，以及强大的统筹格局。因此，前期策划阶段融入媒介交互的方式与内容异常关键。

不妨比较一下《花千骨》和《琅琊榜》，《花千骨》的游戏开发比《琅琊榜》成功，重要原因之一就是跨媒介衍生设计前置，而不是等到IP火起来才考虑开发。在《花千骨》上线之前，出品方就与游戏公司一起讨论游戏的衍生运营，并且从作品本身的市场定位出发，力求电视核心观众和游戏玩家高度重合，后续的游戏开发培育了大量用户。《琅琊榜》因为未做长远考虑，其电视剧的核心观众年龄偏大，导致后期的游戏开发表现平平。

在视觉效果上，影视剧位居首位，因此在 IP 开发过程中，台词和场景、故事情节尤为重要，而实物衍生品的开发更多地侧重于人物形象、服饰、场景和实体环境等应有质感的构思，出版物、舞台剧、歌剧和声频等衍生品开发更注重精神享受。

艺术衍生能力是否强大

“衍生能力强”是指作品在艺术层面具有永恒的生命力，适合循环开发。优质的 IP 一旦打开并占领市场，经过长期的品牌运作和循环利用，往往能以较少的支出获得巨额回报。

美国影视公司通常的做法就是通过某个 IP 精心打造一部好的电影、电视剧或综艺节目后，想方设法地保有受众的关注度，发挥长尾效应。好的 IP 在伴随一代人甚至几代人成长的同时，也源源不断地创造可观的收益。

例如《24 小时》从 2001 年首播至今，第 9 季已播完，依旧热度不减。而有选秀节目鼻祖之称的《美国偶像》已播出了 14 季，通过出售节目版权和制作模式，以及大量衍生品开发，早已赚得盆满钵满。

再以《西游记》为例，世界各国创作者都从中获取了艺术灵感，产生了大量创意。尤其是在文化产业蓬勃发展的今天，我们可以看到有关《西游记》的游戏、影视、动漫、图书、音乐、玩具、视频、音频等等衍生产品遍地开花，其艺术上具有不朽的生命力。

被世人不断地循环开发的IP代代相传，这是活水源头。取之不尽，这是具有强大生命力的IP最直观体现。随着不断开发，经过持续的艺术加工，长尾效应在IP产业链中优势尽显。

因而，选择IP时必须考虑其艺术衍生能力，以及长尾衍生的元素数量。这样的作品不可多得，如果你发现了，一定不可放过。

IP 开发的核心点

IP 开发已经形成了一条成熟的产业链，其开发不仅需要把握作品本身，还需要匹配市场需求。

筛选最优秀的 IP

前文详细讲述了如何选择高质量的 IP，一旦发现可选 IP，就要通过认真细致地通读全篇，初步判断故事情节与逻辑是否符合人们的普遍审美、能否打动读者；其后判断是否适合多元化开发、开发难度如何，如果不适合或难度大，能否通过修改实现；最后就是估算该 IP 所包含的长尾元素的多寡，开发的长尾产品是否具备市场卖点。通过这几点综合考量，判断 IP 的价值。

导演曹保平曾经说："IP 作品其实在我来看，至少 95% ～ 96% 都是垃圾。因为我确实读过很多，也包括现在还有很多人给我送所谓的 IP 过来，很垃圾，是因为现在互联网导致这个行业的进入门槛降低。”

的确有些科幻 IP 作品洋洋洒洒上百万字，貌似场景恢弘，人物关系复杂，情节曲折，从一定程度上可以说是一部不错的作品。但再认真斟酌后会发现故事构思不够出彩，无法构建独特的想象世界，很多情节与以往科幻作品的题材雷同，无法提供给受众惊喜的阅读体验，这类作品并不能算是一个优秀 IP。

精准的商业定位

开发 IP 的最大驱动力是商业目的，尽可能地发挥其商业价值，赚取更多利润，因而完全不必避谈利润。

IP 影视作品是一个商品，既然是商品，先定位后销售方便有胜算，盲目销售很难有良好收益的保障，IP 的商业定位，需要深入地分析同类产品，最终扬长避短，找出最适合自己而且用户基数大的受众，让 IP 产品覆盖更多的目标受众。

国内大部分 IP 并未实现预想的价值，商业定位不清晰，总想搞一些营销噱头，引诱观众埋单。做一锤子买卖注定难以长久生存，不仅影响声誉，还会影响品牌的构建。

商业定位要精准，一定要明确 IP 的受众是谁，这个受众群体关心什么，用什么打动受众群体——是以产品设计、表现形式、价值观、故事情节、媒介互动元素还是 IP 衍生品……这些都要通盘考虑，否则谁会心甘情愿地掏钱包?

比如大量定位于二次元群体的动漫,这个群体其实非常小，群体消费能力有限，能赚钱绝对是奇迹。以《魁拔》为例，动画电影拍了三部，花了很大力气设定了一个晦涩的世界观，非常酷炫但只有成人才能看懂，然而主角却是一个 12 岁的二次元造型。最后的结果是成人一看海报就失去兴趣，进了影院的初中生和小学生又很难看懂。可见，酷炫的设计，精美的画面，需要准确的商业定位才能变现。

纵观近年来的国产电影，不少人的关注重点放在票房的增加，却忽略了一个致命的问题：在电影质量普遍不高的情况下，《1942》《钢的琴》等一些实实在在的好电影却叫好不叫座。韩国电影《鸣梁海战》在韩国大受欢迎，票房奇高，在中国却票房惨淡。而专注搞笑的《泰囧》《港囧》《分手大师》《心花路放》能够创下高票房，《小时代》能够拍四部之多，有人评价中国电影市场“烂片当道”，归根到底是因为观赏与评论有一定的区别，也就是“精英评论，大众消费”。

观众决定影片。如今观影人群集中在大城市，主力是青少年、青壮年，中老年人很少进影院观影，因此如今的电影无不是围绕如何吸引年轻人而拍摄，轻松、搞怪、无厘头、妖魔、青春、爆笑等题材最为常见。

其中，最典型的莫过于《万万没想到》，该系列网络剧的成功源于对收视人群的精准把握，真正做到了以受众人群的视角出发，把握当下互联网上自嘲自黑、戏谑搞笑的通俗文化，符合当下的社会情绪，定位准确，所以卖座。

微信公众号“娱乐资本论”曾评论道：商业定位不准确，往往会出现这样的情况，也就是“影片标题让人觉得是好莱坞式大片，但是被国内影星吸引进入影院的基本是二三线城市的人群，看到的是难以理解的美式笑话，以及美剧观众才认识的美国二线明星。反之，喜欢这些美剧的观众总体上是对作品更挑剔的一线城市高品位人群，对于本土明星主演的电影根本不感兴趣。最后两个人群都不买账，可见影片的人群定位是很混乱的。”

对国内电影市场来说，每一个影片都只能做一部分人的生意，幻想一部电影吸引所有类型的观众，那是不切实际的。

确立制片人中心制

全世界 IP 运营的典范在好莱坞，好莱坞影片商业化成熟，市场趋于理性。从导演中心制过渡到制片人中心制，此举奠定了好莱坞电影的市场基础。

制片人中心制的出现，跟美国和好莱坞的整体社会经济状况发展有很大关系。20 世纪初的好莱坞，逐渐面临电影制作的工业化分工不断加强、制作成本不断提升，以及美国经济增长乏力的困境。

具有转折点意义的事件是，1924 年米高梅合并成立后的制片总监欧文·萨尔伯格开创了制片人中心制。他以总制片人的管理职责为核心，逐渐建立了细化分工的制片人管理团队，在保证影片艺术价值的同时保证影片的理性支出，为好莱坞制片人中心制的确立奠定了良好的基础。

制片人中心制的核心就是，所有作品都要以市场为导向，考量商业逻辑和投资回报。国内很多作品缺少最基本的商业逻辑，不说大量上线就消失的烂片，就连火了一把的大片一般也只是昙花一现。

这种先天劣势导致 IP 衍生产业的价值拓展有限，即使轰轰烈烈地进行了一次商业变现，也会因为缺乏长久的生命力而无以为继。

当下中国的文化产业，与好莱坞产业演进的早期发展惊人相似，仍处于导演中心制，所以作品都是走艺术、情怀或者喜好路线，产业还没有进入产业化商业运作的制片人中心制，因此缺少相关产品开发的商业思考。

为了降低风险，国内影片几乎都是影视公司联合拍摄，从某种意义上说此举缺乏冒险精神。真正有价值的探索是制片人中心制，这有助于终止市场“烂片当道”的恶性循环。只有制片人自己掏钱，真正懂市场又懂艺术，才能拓宽 IP 开发的渠道，拉长开发线。

大约是2008年之后，很多观众的观影目的不再是看一部“某个导演的好电影”，而是要观看“自己需要的那一类电影”，这代表着电影从“产品时代”正式迈入“营销时代”。

于是，一批拥有市场思维、对市场需求判断比较准确的“制片人式导演”登上舞台，这一点在2013～2015年的国内电影市场体现得尤为明显。无论是徐峥、赵薇、郭敬明这样的新锐导演，还是管虎这样的资深导演，他们都是具备市场思维和项目管理能力的制片人，对观众的兴趣点有着更为理性的认知，也更熟悉当代年轻人的消费心理。将创意不仅应用于制作，还作为主力推动整个电影的宣传和发行工作，促成了电影营销的完整性，这是他们能够获得高票房回报的主要原因。

巩固培育IP长青树的理念

《西游记》《哈利·波特》《星球大战》《白雪公主》……这些IP长青树都具有共同的特点：流传广泛、家喻户晓、影响深远。

改编超级IP《西游记》已不单是华语电影的传统，日本、韩国和美国制片方也多有涉及。据不完全统计，至今改编自《西游记》的影视剧超过100部。这个超级IP自诞生，500多年来发挥着无穷的艺术威力。

早在 20 世纪 80 年代,《西游记》电视剧一问世即风靡全国,至今仍然是一部经典佳作。2005 年《大话西游》可谓戏说西游的巅峰,刘镇伟和周星驰很多年都走不出它的影子。刘镇伟后来续拍了《情癫大圣》,周星驰最近的《西游降魔篇》也像是《大话西游》的延续。就连成龙和李连杰合作的《功夫之王》,也套了一个西游故事作为马甲。2015 年动画电影《大圣归来》奇迹般走红再次提醒我们,《西游记》始终是国内电影界的超级 IP,它名气大、故事改编和发挥想象力的空间大,还可以免费使用。它的改编作品今后仍将层出不穷,小说里的经典人物依旧会活跃在各类作品里,因为它具有经久不衰的 IP 魅力。

IP 长青树不仅为开发方创造了巨大的物质财富,也为社会创造了宝贵的精神财富,所以在 IP 开发过程中必须秉持培育 IP 长青树的理念,有助于 IP 创造的可持续发展,发挥 IP 的最大价值。

熟悉法律,避免法律纠纷

从周星驰因《西游降魔篇》票房分红与华谊兄弟对簿公堂,到琼瑶诉于正抄袭引发的风波,以及国家新闻出版广电总局“劣迹艺人封杀令”产生连锁反应……随着 IP 热的兴起,涉及 IP 的官司越来越多。

2015 年 12 月 16 日,历时近 19 个月的琼瑶诉于正等侵权一案由北京市高级人民法院终审宣判。依照判决，自其生效之日起：被告立即停止电视剧《宫锁连城》的复制、传播与发行行为；被告于正须于判决生效起10日内刊登道歉声明，公开向琼瑶道歉；5名被告于判决生效10日内连带赔偿原告500万元。

作为大陆“文艺版权第一案”，该案为类型剧侵权提供了参照标准。有专家认为，该案判决既含禁令又含经济赔偿，一审判决时便有质疑称对投资方、发行方苛责过重。二审法院考量这一点认定被告在首播时获利颇丰,平衡二者,依然维持原判。这预示着高标准的IP保护时代来临，侵权代价增大。投资方和发行方需要警醒的是，在相关合同中纳入“声明与保障条款”以及“损害赔偿条款”，以求最大限度地降低作品侵权可能给其造成的损失。

2014年12月，电影版《何以笙箫默》陷入版权之争。乐视购买了《何以笙箫默》电影版权却一直没有拍摄，合约即将期满,顾漫也无续约之意。之后顾漫将电影版权卖给了光线传媒,光线传媒合法享有《何以笙箫默》的电影版权，计划投入拍摄。而乐视也不甘示弱，凭借其合法持有的《摄制电影许可证》开拍《何以笙箫默》一片。《何以笙萧默》电影版权究竟归乐视还是光线，目前尚无定论。

一方面，影视公司为抢占IP资源，会抢购知名小说的影视版权，通常为改编权和拍摄权，继而再寻找资方、编剧、主创，此外还要经历行政审批等一系列烦琐的程序。因此待到影视公司真正确定开拍时，往往已接近版权合约的截止日期。

另一方面，作者珍视自己的文学作品，对电影改编及拍摄抱有极高的期望。影视公司同时囤积多部 IP 作品，对其作品不够重视因而导致拍摄时间不断延后令作者心灰意冷，不愿再与影视公司续约。一言蔽之，顾漫与乐视的冲突是由影视作品拍摄制作的不确定性、长周期性与版权续约条款的简单性、空白性所引发的矛盾。

若要避免版权到期再授权产生的纠纷，双方在签订合约之初就应当极尽细化条款，比如，若影视公司在版权合约期满前一个月内取得《摄制电影许可证》，影视公司可以要求与作者续约，但应当支付给作者更高的费用。影视公司应当在版权合约期满前一个月与作者就是否续约展开谈判，若原作者明确表示不愿续约，影视公司不得再将影视剧本进行备案，更不得抢注商标。

还是那句话，在 IP 开发过程中，开发方与作者接触时必须有全面且专业的法律顾问介入，结合以往的版权纠纷案例以及实际合作情况，将风险进行最大限度的规避。

好莱坞工业化的 IP 管理

据美国知名编剧罗伯特·麦基统计，美国作家协会每年登记的剧本总量多达 35 万，再加上漂在协会体制外的剧本，总量约有 120 万部，可每年美国电影产量才 600 多部，由此可见剧本的成活率极低。

数据显示，1995 ～ 2014 年这 10 年间，好莱坞一共上映了 10 615 部电影，这其中改编而来的电影共 5 703 部，占市场总份额的 50.5%。10 年里被好莱坞买下优先改编权的小说达到 20 万部左右，但最终只有 2 280 部进入制作环节。

面对大量的备选 IP ，开发方是如何挑选与运营的？创作者又该用何姿态赢得开发方的青睐进而满载而归？

挑 IP 即挑故事

一个好的 IP 必然是一个好故事。好莱坞的电影故事来源有三个方面：

第一是根据名著、畅销小说改编，包括《指环王》《哈利·波特》《纳尼亚传奇》等。

第二是某个制片人或者导演头脑中萌发一个创意，去找编剧，或者自己写一个梗概。

第三是原创剧本，是指编剧写完之后放入市场待价而沽，这样的剧本投拍的可能性微乎其微，主要靠天时地利人和。

对开发方来说，要想有不错的回报，需要如淘金般从万千 IP 中筛选具有开发价值的 IP；对作者来说，首要任务是潜心写好自己的作品，用质量说话，相信“是金子总会发光”。

以 2015 年的热门电影《火星救援》为例，同名小说在拍成电影之前只是一个很普通的 IP。2009 年，作者安迪 · 威尔陆续在个人网站上发布，供人免费阅读。直到 2012 年 9 月才在亚马逊的 kindle 商城里发布电子书，价格为 0.99 美元，深受读者追捧。2013 年 3 月，有出版商关注到该小说的影响力，花重金购买版权出版了图书。

其后，好莱坞的编剧德鲁 · 高达表示对这个故事感兴趣，愿意自编自导，接着知名演员马特·达蒙也被小说吸引。然而，像所有被好莱坞买下来的热门小说一样，这部小说改编成电影的道路并不顺畅。德鲁·高达因得到了执导新《蜘蛛侠》系列电影的机会而退出，直到雷德利·斯科特接手，这部电影才于2014年在布达佩斯的摄影棚开拍。

2015年10月，《火星救援》上映后激发了该小说的购买热潮，使小说登上《纽约时报》畅销书榜榜首。

好莱坞的IP运营模式

好莱坞的IP运营模式相当成熟，一旦进入影视工业化流水线，开发便按部就班地展开。

好莱坞的IP运营专业且严格，制作人员会根据各个环节的工作任务，制定非常详细且规范的IP运营手册，对所开发的IP进行全方位、全流程、多媒介的商业定位和互动设计，并形成具体的文案，而所有工作人员必须遵照IP运营手册操作。

IP开发是一个创意迸发的过程，在跨媒体创作和制片过程中存在很多创意环节，每个环节执行过程的操作者都有自己的想法，如果缺少统一的运营手册，就很容易跑偏，毁掉一个优秀的IP。

IP运营手册涵盖故事大纲、人群定位、人物小传、世界观、剧本定稿、后期特效、构图细节、音效说明等，这些重要项目都有统一的规范，以免在内容生产过程中偏离制片人或者导演的意图。整个过程甚至会专门让某个助理背熟手册，全程负责提示手册的细节。

在 IP 生产过程中，国内开发商有必要借鉴好莱坞 IP 运营模式，以保证执行力与提升执行效率。

美国成功的 IP 运营模式和经验

一是全产业链多领域开发 IP。泛娱乐公司迪士尼拥有海量 IP 储备，从最初由华特·迪士尼本人创作的米老鼠、唐老鸭等经典卡通人物到 21 世纪初风靡全球的《冰雪奇缘》等作品，迪士尼始终走在 IP 运营的最前沿。

2008 年，作为 IP 运营典范的迪士尼相继收购了动漫巨头漫威和卢卡斯影业，扩充了自己的 IP 储备。IP 授权部门规模庞大，拥有几百种授权的细分管理细则。

迪士尼秉承的理念是，开发 IP 不只是制作一部简单的电影，或者由电影再转化为其他产品，超级 IP 应该全产业链运营，打造 IP 生态圈。

迪士尼的业务包括媒体网络、主题公园和度假村、影视娱乐、消费类产品和互动媒体五大板块。除了电影制片厂，迪士尼还拥有 ABC、ESPN、迪士尼环球等电视网，拥有全球六大迪士尼乐园、359 家经营迪士尼商品的主题商店，以及开发游戏产品的多家公司等诸多资产。

以电影《玩具总动员3》为例，它的全球票房高达11亿美元，但是这也仅占该IP总收入的一小部分，该电影的衍生游戏、图书和DVD等全线开发为迪士尼带来了87亿美元的营收。

截至2012年，迪士尼已拥有超过400个有版权的动画和电影形象，为其打造超长产业链奠定了坚实的基础。

如今，迪士尼已经成为一家典型的“品牌乘数”型公司，即为已有IP品牌制作电影完成第一轮盈利，再通过电影的成功进行周边产品开发，形成第二轮利润，打造了一个由“电影+衍生品+娱乐地产”构成的IP生态圈。

二是深耕于IP电影。派拉蒙影业、环球影片、二十世纪福克斯、华纳兄弟娱乐与索尼五大电影集团作为好莱坞影视巨头，在IP开发运营上都取得了巨大的成功。各自旗下业务覆盖电影、电视、出版、音像、游戏、主题公园等各种细分的娱乐和媒体产业。

但从IP到衍生业务之间，电影是一道经过的门槛。唯有以胜利者的姿势跨越这道门槛，才可以登堂入室。

二十世纪福克斯投资拍摄了《超胆侠》、《X战警》系列、《神奇四侠》系列，索尼投资拍摄了《惩罚者》、《蜘蛛侠》系列，环球投资拍摄了《绿巨人》，华纳兄弟投资拍摄了《刀锋战士》系列，派拉蒙投资拍摄了《美国队长》、《钢铁侠》系列，这些由超级英雄形象改编而成的电影获得了影迷的青睐，在票房上取得了巨大的成功。

三是市场有完善的版权保护。创意是影视产业及其衍生行业最基本的生命力，如果创意得不到保护，那么整个生态产业链就会断裂，IP 开发将沦为空谈。因而尊重知识产权、保护开发者的创意是政府应尽的责任。

《当代电影》2015 年第 9 期刊登的《好莱坞电影的 IP 开发与运营机制》一文中曾指出，美国严密的知识产权保护体系为好莱坞的 IP 开发奠定了重要的基础。文章这样介绍：

> 在 1789 年开始实施的美国宪法中，明确指出国会有权保障作家和发明人对各自的作品和发明在一定期限内的专有权利，以促进科学和实用艺术的进步。在宪法的指引下，美国构建了一整套严密的知识产权保护法规体系。其中与电影产业关系最为密切的法案包括《版权法》（1976）、《视觉艺术家权利法案》（1990）、《电子盗版禁止法》（1997）、《千禧年数字版权法案》（1998）等。

为了将这些法规落到实处，美国政府设立了诸多职能部门。其中，国会图书馆下属的版权办公室负责版权的登记、申请和审核等工作；美国贸易代表办公室负责涉及知识产权的国际贸易谈判；海关负责进出口产品的知识产权稽查，并于2003年联合其他10多个政府部门成立了全美知识产权协调中心，专门负责处理在进出口贸易中涉及知识产权的事宜。

为了协调各部门之间的工作，近年来历届总统还会在白宫设立专门办公室，如奥巴马内阁成立了美国知识产权执行协调办公室领导知识产权保护工作。这些部门各司其职又紧密合作，形成了一个完整严密的系统。

好莱坞为了加强对电影版权的保护，也付出了诸多努力。美国电影协会的重要职能之一便是游说美国国会和政府，在版权立法和管理执行方面保护好莱坞的权益。2014年6月，美国电影协会专门聘请了国会前议员霍华德·伯曼，请其专门就与好莱坞版权保护的相关事宜展开政府公关。

这些努力颇有成效。在美国电影协会等利益集团的努力下，在过去40年间，美国政府不断修订《版权法》，仅仅版权保护期限就延长了11次。1973年，创意产品的平均版权保护期限为32.3年，到如今平均保护期限延长到了95年。

这对于片库中有数以千计老电影的好莱坞大制片厂来说，版权保护期限延长无疑意味着更大的赢利空间。也正是在好莱坞的不断的努力下，美国法院加大了对盗版行为的惩处。例如奥巴马政府的司法部门已将专门从事版权保护的律师和FBI探员的数量增加了两倍，用于应对数字化环境中的盗版问题。

在国际市场上，美国政府和行业组织也通过缔结《与贸易有关的知识产权协定》等国际条约、设立专门机构监督其他国家版权保护的执行情况并发布专门报告，同时积极展开外交行动等方式，构筑国际性知识产权保护机制，致力于维护好莱坞电影等创意经济产业的全球利益。

打造系列品牌，精耕衍生开发

电影得以拍续集而称之为系列，系列受欢迎而称之为品牌。电影品牌建立之后，好莱坞制片商需要考虑的就是从这一品牌电影中如何获取更多利润，向上游可以开发电影小说图集，向下游则可以生产大量周边产品。

根据国际授权业协会 2014 年 6 月所公布的数据，仅 2013 年一年，北美市场电影电视角色的衍生品销售额便达到了 514 亿美元。007 系列作为电影史上最长寿的系列电影，其所蕴含的价值和意义早已超越“电影”二字，而是作为一个品牌出现在观众眼前。

美国影视界有一个显著的特征，那就是如果 IP 优秀，市场反响不错，开发系列电影、打造系列品牌便顺理成章，比如《星球大战》《哈利 · 波特》《碟中谍》《饥饿游戏》《暮光之城》《纳尼亚传奇》，都是品牌开发中的佼佼者。

中国的 IP 衍生开发有必要借鉴好莱坞衍生品运营规则。在好莱坞，衍生品授权开发的基本规则如下：

- 被授权方生产和销售指定品类的产品；
- 特许承销商在规定范围内生产、分配产品；
- 被授权方希望在品类和地域上具有排他性；
- 通常授权协议会要求为每个卖出的产品提前支付专利费；
- 游戏类产品授权会有多至两年的提前期，用于游戏设计和编程。

电影衍生产品的交易要点：

- 好莱坞大制作通常会由 50 ～ 100 个授权开发出 500 款以上的衍生品；
- 衍生品能够继续延伸到视频点播 /DVD 销售等领域；
- 电影衍生品的版税为售价的 3% ～ 18%，大部分都在 8% ～ 14% 之间。

迪士尼在做电影衍生品时坚守一个重要准则，那就是产品与源头的影视作品在天然属性上有紧密的关联，以保证影视角色形象能顺利地渗透。

而且迪士尼强调规划与前瞻，在电影筹备阶段，就已经开始规划相应的衍生品。迪士尼内部有头脑风暴活动，所有员工聚集在一起为衍生品的设计生产提供建议，范围和部门不限，很多创意诞生于热烈讨论中。而且产品制作与电影制作同步，电影上映，产品同步或提前销售，“变形金刚”片方孩之宝（Hasbro）也遵循的是这样的打法。

超级 IP 的多元化商业开发模式
——以“哈利·波特”为例

《哈利·波特》被译成 70 多种语言文字，在 200 多个国家累计发售 4 亿多册。随后，《哈利·波特》系列小说被陆续翻拍成电影。

随着小说和电影迅速走红，“哈利·波特”在游戏、主题公园、文具等领域的 IP 开发也创造了巨大的商业价值。在此，不妨以“哈利·波特”为例，一起探讨超级 IP 的多元化商业开发模式。

好的 IP 迟早会发光

《哈利·波特》的出版并不顺利。作者罗琳曾被 12 家出版社拒绝。1996 年，她的作品终于被一位编辑发现，该编辑所供职的英国出版社同意出版《哈利·波特与魔法石》。当时，出版社并不看好这本书，只象征性地印了500册，罗琳也只得到3 000英镑稿酬。

但是,后来经过作者、文学作品经纪人、出版社、电影制片人，以及一系列营销高手的运作，它不仅家喻户晓，而且形成了一条以“哈利·波特”为中心的超级财富链。是金子迟早会发光，好的IP亦然。

自推出第一部《哈利·波特》小说以来，10年间，罗琳的财富直线上升，成为世界上最富有的作家。由此可见，超级IP不仅为IP产业链带来了丰厚的利润，也能给作者丰厚的回报。

营销助力图书销售

《哈利·波特》系列小说最先在英国出版发行，后来经过美国学乐出版机构的包装营销，不仅适合各个年龄段的青少年阅读，而且读者群拓展到成年人。

可以说，《哈利·波特》系列小说的发行量仅次于《圣经》和《毛主席语录》。与此同时，出版社还策划出版了《哈利·波特》小说里描述的神奇动植物、巫师故事、魁地奇比赛等配套读物，在广受好评的同时取得了可观的经济效益。

该书在营销上动了很多脑筋，比如定价合理，满足中低收入水平的消费者需求，避免陷入价格战和恶性竞争。这一点可以从《哈利·波特》系列小说在国内火爆的销售中看出，读者购买物美价廉的图书的热情高涨。

在发行渠道方面，该书除了在实体书店和网上书店销售，超市、加油站和便利店都可以买到，这样方便读者购买，扩大了读者群。

《哈利·波特》系列小说的宣传方式也比较独特，首发仪式和名人效应相结合，图书发布会上还基于图书内容安排魔术表演。

此外，各大媒体平台刊载图书出版信息，全球至少有 2 000 个与“哈利·波特”相关的网站，问答平台、贴吧、社区更是热闹非凡，网络热潮不断，助推，销量持续攀升。

IP 影视开发与营销

《哈利·波特》小说出版后不久，就被改编成系列电影。《哈利·波特》系列电影可谓叫好又卖座，总票房收入达 76 亿美元。

电　影	上映时间	全球票房（亿美元）
《哈利·波特与魔法石》	2001 年	9.76
《哈利·波特与密室》	2002 年	8.78

电　影	上映时间	全球票房（亿美元）
《哈利·波特与阿兹卡班的囚徒》	2004 年	7.90
《哈利·波特与火焰杯》	2005 年	8.96
《哈利·波特与凤凰社》	2007 年	9.39
《哈利·波特与混血王子》	2009 年	9.34
《哈利·波特与死亡圣器》上下两部	2010 年和 2011 年	21

成功不是偶然的，《哈利·波特》电影的火爆有其必然的逻辑。

一是题材优质，粉丝认同感强。“哈利·波特”是一个优质的 IP，在还没有拍成电影之前，它的粉丝就遍布全球，其中任何一部再版都会掀起热潮，更何况是将作品搬上大银幕。

相对于阅读图书——1 000 个读者就有 1 000 个“哈利·波特”，这种有限的阅读体验并不能满足哈迷们的需求，将内容视觉化可以将他们重新吸引过来。电影的优势就在于将情节和人物视觉化，这种视觉化增强了受众的好奇心，使作品具象化，极具冲击力，这就是阅读和观影之间不同的精神感受。

二是挑选演员严格，制作团队强大。在电影制作过程中，如果没有实力雄厚的公司投资，没有优秀的演员队伍和拍摄团队参与，那么对名著改编的伤害是致命的。华纳兄弟为了拍好这部伟大的IP作品，他们挑选了世界一流的团队，包括导演、编剧、演员、摄影、音乐、美术、化妆、录音、剪辑等。

除此之外，他们还精心挑选主演。为了找到与原著主人公体貌接近的小演员，华纳兄弟在全英国开展了对哈利·波特、赫敏、罗恩等演员的海选。与原著匹配度高的演员，容易让观众对演员产生好感和亲近感。

其他演员的选角也是该系列电影的卖点，华纳兄弟邀请了迈克尔·甘本扮演邓布利多、艾伦·里克曼扮演魔法课的斯内普教授，鲁伯·海格扮演罗比·科特瑞恩，阵容极为豪华。

三是保证信息源持续制造新闻点。哈迷遍布全球，一丁点儿信息都能成为新闻登上头条，这无疑为“哈利·波特”做了很好的广告宣传。出新书、图书要改编成电影、演员选角、拍摄前后的情况、电影制作动态、幕后花絮、作者近况等等，都可以成为新闻点。

将IP作品当作信息源，持续地提供新闻点，吸引求新猎奇的媒体，调动他们的胃口，从而进行持续的大众传播，是一种不用花钱或少花钱办大事的营销手段。

衍生品大卖

一是游戏方面。《哈利·波特》系列游戏由美国艺电公司旗下的不同工作室所开发。每推出一部《哈利·波特》电影，艺电公司便与之同步推出一款游戏，前后共推出了 8 款。

二是 DVD、唱片、有线电视的播放权等。《哈利·波特与魔法石》上映后，美国广播公司便以 6 000 多万美元的价格购买了该片在该电视台频道的播映权。该片的录像带和 DVD 仅在美国的销售额便达到了 3.23 亿美元，这个数字甚至超过了在美国上映时的电影票房收入。该系列电影的第二部和第三部在录像带和 DVD 方面的收入分别为 2.27 亿美元和 2.77 亿美元。

三是文具、玩具、服装等衍生品。在后续的各种衍生品开发中，这类衍生品所占的比重最大。据相关数据显示，这类衍生品开发的收益是该系列电影利润的 70% ～ 80%。

决定投拍电影《哈利·波特与魔法石》后，世界三大玩具商美泰、乐高和孩之宝就分别以 5 000 万～ 8 000 万美元不等的价格获得了“哈利·波特”文具和玩具的特许经营权。

每当有新的影片上映，各大厂家便同步推出各种与之相关的玩具和文具，掀起一波销售狂潮。

趁着“哈利·波特”热，相关商业部门设计创立了“哈利·波特”服饰品牌。只要是与“哈利·波特”相关的产品就保有较为稳定的客户群。据统计，与“哈利·波特”相关的衍生品已超过 10 000 种。

四是 IP 主题公园。2007 年 5 月，华纳兄弟与环球影片公司携手在佛罗里达州的奥兰多环球影城内建造了一个以“哈利·波特”为主题的园区，名字“哈利·波特的魔法世界”。主题公园。历时近三年打造，耗资 2 亿美元，于 2010 年 6 月 18 日正式开门迎客。

该公园还原了小说中描绘的和电影中出现的场景，包括霍格沃茨魔法学校、禁忌森林、邓布利多校长办公室、霍格斯米德村庄的商店、九又四分之三站台等等。游客不仅可以游览各种再现的真实场景，而且可以像电影中展示的那样购物、就餐、乘坐过山车，并与电影中的主人公们面对面，体验神奇的魔法世界。哈迷们不再仅依靠书和电影去感受神奇的魔法世界，还可以在现实生活中体验魔法世界的生活。

成功秘诀

“哈利·波特”图书、电影的成功带动了后续衍生品的成功，如 DVD、服装、玩具、文具、游戏和主题公园。对于“哈利·波特”产业价值链来说，每推出一种新产品，都意味着有新的用户群来购买。

环环相扣的商业链条，让“哈利·波特”远远超出了小说、电影，催生出为一个巨大的商业链条。这个链条就像一个大的吸盘，产业链条越长就有越多的客户群被吸附到这条产业链上，同时也就意味着这条产业链所获得的利润越多。

在“哈利·波特”的产业链条中，衍生产品销售占到了总产品销售的 70% 以上。这个产业链目前价值上千亿美元，依靠的不是一家或几家公司的资源，而是利用众多合作伙伴的资源整合。在这个过程中，参与“哈利·波特”产业链构建的所有公司都可以被认定为合作伙伴。

在 IP 素材方面，罗琳提供的是剧情资源，各个国家地区被授权的出版社提供的是成功发售《哈利·波特》图书的资源与经验。华纳兄弟提供的是电影制作资源以及成功运作电影衍生品的经验，玩具商美泰、乐高和孩之宝提供的是成功制作与推广电影衍生玩具的资源与经验，美国艺电提供的是游戏制作与游戏推广的资源与经验，其他被授权生产相关衍生品的公司提供的是在各自行业内制造和推广相关衍生品的资源与经验……通过众多公司的合作，通过如此多资源的有效整合，才打造出“哈利·波特”上千亿美元的产业链。

对国内 IP 产业的启迪

第一，IP 需要全球化元素和产业链格局。好故事只是畅销的基础，“哈利·波特”的成功更要归功于这个时代，即经济、文化逐渐全球化的时代。可以说，全球化才是成就它的决定性因素。

与此同时，从出版开始，电影、DVD、录像带、电视、唱片、游戏、广告……周边产品不断拓展，还有难以计数的玩具、文具、服装、食品、饮料、手机等成千上万种特许经营商品，再到主题公园、主题旅游……产业链不断扩展、丰富，产业的边际和界限逐渐模糊，近乎完美地诠释了托马斯·弗里德曼“世界是平的”这一全球化理念。

覆盖地球每个角落的互联网、印刷技术的现代化、全球统一的包装推介、有节奏的系列图书出版等，最终让“哈利·波特”从文学形象变成风靡全世界的艺术偶像。

第二，IP营销要有持续的新闻点。“哈利·波特”本身就是最大的新闻点，有关作者、作品和作品衍生品等方面的消息都让媒体兴奋。在写书的时候，罗琳送稿、出版过程要求严格保密，都成为新闻热点。也就是说，除了卖点，还有新闻点。

其次，“哈利·波特”的衍生产品种类繁多，覆盖面广，对“哈热”起到了推波助澜的作用。“哈利·波特”有什么“风吹草动”，媒体便会闻风而动，将信息传播给受众，新一轮新闻热点随之席卷而来。

此外，借力作者的品牌也是新闻点的重要生产方式。例如罗琳荣获“雨果奖”“年度最佳作家”“儿童文学家奖”……最后她拒绝再领奖，她表示希望将更多机会留给新一代作家。

无论领奖还是拒绝再领奖，都成功地吸引了公众的注意，并逐渐形成了作者的个人品牌，与“哈利·波特”品牌相辅相成。

第三，加强版权保护，保障合作渠道顺畅。国外的知识产权保护机制健全，侵权的成本非常高，而且维权意识强烈，所以一般来说不会有人轻易故意实施侵权、盗版等不法行为，这就为“哈利·波特”的核心资源版权成功运作提供了保障。

图书版权、电影拍摄权、衍生品经营权等，在严格的法律保护下，开发方顺利开展商业合作，保障了合作渠道顺畅，形成良好的竞争优势，从而整合了众多在业界有较强实力的公司，集合了优质公司的资源和优势，共同将“哈利·波特”产业链、品牌做大做强。

对比“哈利·波特”的运作，国内 IP 产业仍存在许多不足：

- IP 产业起步晚，发展不成熟，未能形成成熟的产业链；
- 优秀的作品、资金、技术、人才等要素缺乏，题材选择有局限，视野狭隘，缺乏想象力；
- 作者与剧本改编者合作不力，自我营销跟不上节奏，而且 IP 本身无法形成信息源，难以持续产生新闻点。

在此，通过剖析超级 IP“哈利·波特”，希望国内 IP 从业者能够取长补短，举一反三。

第五章

基于 IP 生态圈的泛娱乐布局与发展

以优质的 IP 为核心、多种互动娱乐内容形态协同发展的泛娱乐趋势，在中国数字内容产业日趋明显。目前互联网巨头和影视巨头纷纷布局泛娱乐，其上游主要为 IP 储备及版权交易，中游为影视剧制作及运营，下游为影视衍生品市场，国内基于 IP 生态圈的泛娱乐产业生态圈已初步形成，呈现一片蔚为壮观的商业蓝海。

互联网公司布局泛娱乐，细耕 IP 产业链

在 2016 年 3 月的“两会”上，马化腾准备了 5 个议案，其中之一就与文化产业相关，即“以创新为驱动，促进我国数字内容产业发展”，他在提案中强调了泛娱乐布局对促进文化腾飞的推动作用。提案一出，便成为人们热议的焦点。

马化腾认为，移动互联网的快速普及带动了以移动终端为载体的数字内容产业进入了发展快车道，这将是我国文化产业振兴的重大机遇。尤其是以优质的 IP 为核心、多种互动娱乐内容形态协同发展的泛娱乐趋势，在中国数字内容领域日趋明显，他建议政府出台相关政策扶持和引导产业发展。

马化腾的提案把准了时代脉搏，见解独到。其实，“泛娱乐”

的概念最早也是由腾讯公司副总裁程武于2011年提出的，经过数年实践与积累，目前已经成为公认的互联网发展趋势之一。如今，BAT以及其他互联网公司纷纷布局泛娱乐产业，形成了蓬勃发展的产业生态圈。

腾讯：最早布局，信心十足

2011年7月8日，在中国动画电影发展高峰论坛上，腾讯公司副总裁程武提出以IP打造为核心的泛娱乐构思。这是整个行业内首次提出“泛娱乐”的概念。

2012年3月21日，在“UP 2012腾讯游戏年度发布会”上，程武正式宣布推行泛娱乐战略，当时他将这一战略定义为以IP授权为轴心、以游戏运营和网络平台为基础的跨领域、多平台的商业拓展模式。泛娱乐战略经过几年的实践和发展，已经向游戏、影视、旅游文化、动漫等领域延展，打通了整个互动娱乐产业链。

腾讯最早提出泛娱乐概念，因此有一定的行业基础和话语主导权。几年来，腾讯将自己的业务核心化，砍掉次要业务，主要从“连接一切”和“内容生产”两大战略思路出发，服务大众生活，引领精神消费。

腾讯的互动娱乐事业群主要涉及IP的开发与管理。他们从网络游戏业务开始，于2012～2014年先后推出动漫、文学和影视三大新业务平台，开始系统布局泛娱乐领域，在游戏、文学和动漫业务领域均处于国内领先甚至全球领先地位。

如今，腾讯旗下业务包括腾讯文学、腾讯动漫、腾讯游戏、腾讯电影 +，像大树一样开枝散叶。腾讯泛娱乐战略的运营绩斐然，比如“洛克王国”从一个普通的 IP 起步，经过几年的运作，逐步从一个虚拟社区发展到了集儿童虚拟社区、电影、儿童剧、图书和周边产品的娱乐产业链，成为备受业界关注的泛娱乐成功案例。

随着泛娱乐生态圈逐渐形成，腾讯的泛娱乐蓝图越发清晰，每季度攀升的财务收入更加显著，泛娱乐带来的收益逐年增加。其中，腾讯影业和企鹅影业两家子公司功不可没，企鹅影业以战略投资电影项目为主，腾讯影业则是以 IP 运作为主，其当前成就与发展态势都非常乐观。

阿里巴巴：资本介入，细分市场

阿里巴巴以电商起家，给外界的印象就是“买买买”，不断地收购其他公司以壮大自己的实力。在以 IP 为核心的泛娱乐当中，阿里巴巴并没有缺席。有数据显示，近几年里阿里巴巴在娱乐传媒业的投资累计达两三百亿元人民币，包括 2015 年 3 月宣布以 24 亿元人民币入股光线传媒。

除此之外，阿里巴巴在集团内部成立了数字娱乐事业群，宣布将打造涵盖电影、连续剧、综艺、游戏、音乐、教育、电商的家庭数字娱乐内容生态，旗下囊括娱乐宝、虾米音乐、阿里游戏、阿里文学、声盟、华数传媒、文化中国和优酷土豆等多项业务，并将文化中国更名为阿里影业，与好莱坞制片商洽谈合作事宜。其中，娱乐宝参与了多部电影和综艺节目的制作。这一系列动作，显示了阿里巴巴在泛娱乐产业中的勃勃野心。

如今，阿里系的泛娱乐公司遍布文化行业，而它们相互之间如何整合以发挥最大的资源优势，需要进一步磨合。有评论认为："阿里巴巴在影视方面的布局非常快，让人感觉来势汹汹。切入的方式一方面是影视剧的发行营销，另一方面是电影投资，但这一思路也有风险，毕竟泛娱乐业务跟阿里巴巴电商业务之间还有一定的距离。"不过，"外星人"马云并不是吃素的，相信他能逢山开山、见水搭桥，在泛娱乐产业中闯出一条路。

百度：布局较晚，后劲十足

相对于腾讯和阿里巴巴，百度对泛娱乐的布局较晚。百度主要从视频和数据等传统优势业务出发，先后投资 YOKA 时尚网、纵横中文网、PPS 影音视频和积木热门视频，成立的百度电影事业部也有糯米入口的加持，并宣布将会以原创小说版权为核心，建立包括动漫、游戏、影视、出版等增值业务的泛娱乐生态链。至于泛娱乐生态链能否健康发展，以及各子平台的盈利情况，还有待观察。

2014 年 10 月，百度砸出 10 亿元入股国内最大的电视剧制作公司——华策影视（占股 5%），同时还以百度游戏和百度文学等 IP 资源与华策达成泛娱乐战略合作。

相对来说，对于以 IP 为核心的泛娱乐文化产业，技术是百度的基因，文化创意却是短板。不过，百度的布局与前两者相比稍显薄弱，但是后劲十足。百度以技术和数据为主要支撑点，可能会给 IP 生态圈带来一些与众不同，包括实景娱乐、虚拟现实娱乐和增强现实娱乐等方向，有可能独树一帜，最终拥有自己的核心竞争力，进而在竞争激烈的泛娱乐市场占有足够的份额。

此外，其他知名的互联网公司在泛娱乐布局也有各自的商业动作。

奇虎 360：通过举办星耀 360 游戏颁奖活动，打造游戏界奥斯卡盛典，布局泛娱乐产业。360 在跨界娱乐营销领域的影响力逐渐增强，行业地位逐步确立。

小米：小米互娱正在大力培养优秀的开发商，提供技术支持和资金支持，建设自己的生态圈，让更多的优秀游戏内容提供商为小米互娱提供内容支持。用内容来支撑，加速完成用户积累，这是针对小米电视在泛娱乐方面的布局。

微鲸：成立于2015年，在IP泛娱乐布局中出奇制胜，一开始就宣布和东方梦工厂达成全面战略合作，成为国内互联网电视公司成功运作国际顶级影视IP的第一家。

此外，艺动、趣游、通耀等一大批互联网公司也在影视制作、PC网游、游戏改编、衍生品销售等方面筹谋泛娱乐发展。

就中国影视界来说，万达影业、光线传媒、乐视影业、博纳影业、华谊兄弟等影视巨头在泛娱乐布局中也不逊于互联网公司。

总而言之，我们可以看到，不管是以BAT为首的互联网公司，还是传统影视巨头，他们都在利用各自的资源优势，迅速抢滩泛娱乐战场，布局影视及其衍生产业，其目标无疑是像好莱坞几大影视集团那样打造横跨游戏、电影、电视、出版、音乐、文化地产、互联网等领域的娱乐帝国。

总体来说，泛娱乐的上游——IP储备及版权交易、中游——影视剧制作及运营、下游——影视衍生品市场，整个泛娱乐的长河中商机无限。

众多迹象表明，泛娱乐的互联网生态正在形成，中国文化兴旺的盛况在互联网生态中焕发光彩，大众所观察到的布局只是一个截面而已，简短评述难以将基于IP生态圈的泛娱乐布局全面涵盖。

泛娱乐产业之 IP 开发经验

随着精神消费市场的崛起，以及 IP 生态圈逐渐成熟，国内 IP 开发已经成为新兴的文化产业。影视开发作为以 IP 为核心的泛娱乐产业中最重要的部分，发展势不可挡。那么有哪些经验值得开发公司借鉴呢?

囤积诚重要，培育价更高

IP 囤积是当前泛娱乐产业参与者抢占制高点的利器，也是业界争议不断的地方。毫不夸张地说，现阶段，囤积 IP 不亚于一二十年前房地产商囤积土地。IP 是整个泛娱乐产业的核心，面对这片蓝海，IP 所有权对泛娱乐布局至关重要，所以 IP 囤积量是制胜的关键。

历史悠久的美国迪士尼就是囤积 IP 的典范，迪士尼收购动漫巨头漫威与卢卡斯影业后，更进一步扩大了自己的IP储备。几十年来，迪士尼在IP储备以及后期商业模式方面具有垄断性优势，在商业竞争中具有压倒性优势，这也是其长盛不衰的先决条件。

不过，国内公司一窝蜂涌上来抢占各种各样的IP，导致IP价格虚高并且良莠不齐，这是值得行业警惕的。超级IP普遍经过了六七十年的沉淀，陪伴了好几代人的成长，娱乐性与思想性很强，拥有的粉丝数以亿计，具有极强的竞争力。

IP至关重要，但长期来看运营和变现能力才是核心竞争力。换而言之，囤积IP并非最佳战略策略，IP囤积量大不一定是核心竞争力，开发不好等于浪费资源。

观察国内互联网公司和影视巨头的发展策略，我们可以看出他们都积极地参与以IP为核心的泛娱乐布局，在原有资源优势的基础上，不断挖掘泛IP的玩法，最终的目标就是价值变现。由于每家公司的发展情况不同，针对中国目前的IP产业现状，制定适合的策略去培育IP，在IP市场竞争中至关重要。

全局评估IP，找到市场契合点

从文学IP来看，在市场的狂热之下，许多投资方盲目购买，导致IP价格虚高。但毕竟高价值的IP数量有限，一些投资方并未仔细评估就盲目购买，难免将大把银子打了水漂。如何评估全面评估文字 IP 的价值？

首先要考虑 IP 的可视化。就国内的情况来看，IP 都是经过影视这个放大器将其影响力扩大的，因此，可视化条件不足的算不上一个好 IP。因此，拍板之前应当有一个基本的改编和创作的方案，如果只是为了图省事、捞快钱而购买 IP，难免会沦为炮灰。

此外，在中国的电影市场上，由于观影人群的兴趣点、年龄、文化程度和审美标准差异较大，一不小心就会出现叫好不叫座的现象。比如汤唯主演的《黄金时代》、侯孝贤导演的《刺客聂隐娘》、冯小刚导演的《1942》、吴宇森导演的《太平轮》，这些都是佳作，其中演员和导演都是 IP，所参与制作的电影都具有极高的艺术性和思想性，反映了华语电影的高水平，然而市场反响平平。由此可见，IP 开发需要眼光和判断力，不能轻易迷信 IP。

《变形金刚》的导演迈克尔·贝在进行电影角色设计前，特意听取了孩之宝公司的意见，把自己从一个门外汉变成“变形金刚”的忠实粉丝。在吃透了品牌精神后再着手融入自己的设计思想，精准把握市场的发展动向，实现口碑与票房双丰收。这一点值得中国的制片人与导演好好学习。

条件未成熟，开发缓一缓

IP 资源的开发包括以影视剧的形式变现成票房，以网络剧的形式变现成广告，进一步拓展动漫、手游、音乐剧、舞台剧、图书出版、音乐等衍生品。在泛娱乐开发实践中，还将在餐饮、旅游、地产等多元化服务中进一步延伸产业链。

不过，拥有优质的 IP 并非一劳永逸，开发前需要考虑实际情况。导演詹姆斯·卡梅隆表示，早在 1996 年便完成了《阿凡达》剧本，但受当年特技水平所限，他只好将心爱的剧本搁置一旁。从构思到成品，《阿凡达》整整经历了 10 年。

当下，国内各大公司正在不断地大量囤积 IP，有的玄幻作品确实优秀，但如果无序开发，或者技术还不过关、条件未成熟便匆匆上马，将造成无谓的浪费。因而开发者在动手前要三思，如果条件有限，不妨缓一缓。

泛娱乐布局之影视衍生品开发

2015 年，中国电影市场票房突破 440 亿元；2016 年前两个月，中国电影市场票房累计已达 107.2 亿元，突破百亿大关。根据中国电影市场的历年增幅和最新发展趋势，中国电影票房最快将于 2017 年超越北美，跃居全球第一。

衍生品开发，中国影视巨头捷足先登

随着中国影视市场的快速发展，当前电影衍生市场的巨大潜力越来越受到影视巨头的关注。截至目前，国内虽然尚未形成比较成熟的 IP 衍生品产业结构，但总体上各大影视公司已纷纷试水并打造产业链、布局泛娱乐。

华谊兄弟：通过“内容 + 渠道 + 衍生品”战略稳步推进产业布局，陆续介入影院、音乐、游戏、主题公园、演艺活动等多个领域。此外，华谊兄弟通过品牌授权在文化地产和旅游地产上的产业布局同样值得关注，电影小镇项目开展得如火如荼。

博纳影业：继续高举专业主义的旗帜，进一步巩固在电影发行领域的地位，增加电影院线收入之后，逐步在影视衍生品领域发力，还计划在江西建影视基地。

乐视影业：在基础衍生品方向有手游、创意服饰等周边产品，同时积极尝试基于场景的衍生产品开发，还将打造以影视物联为基础、以“平台＋内容＋终端＋应用”为核心的生态系统，围绕影视内容、乐视体育等进行多元开发，打造丰富的版权产品生产线，借助乐视生态体验店、乐视商城、乐视TV天猫旗舰店，打造乐视生态圈，

光线传媒：积极谋划衍生产业布局，先后耗资2亿元控股动画制作公司和手游公司，“游戏＋影视”的战略方向日益清晰，并宣布启动“中国电影世界”项目，加入实景娱乐的市场竞争，布局衍生生态圈。

万达影业：充分发挥院线优势，掘金影视衍生，同时与上游研发公司合作，借助衍生品等挖掘会员经济，开展主题体验式消费，开大力投资影视地产项目。同时，万达影业频频并购海外影视公司，不断地获取大量影视版权资源，为影视业务国际化夯实基础。

影视衍生品市场的现状与困境

在泛娱乐产业链中，IP 衍生品开发是重要的一环。IP 衍生品是根据影视剧里的人物角色、场景、道具、标识等开发的产品，包含形象授权、玩具、服装、饰品、音像制品、游戏、图书、日用品、主题公园等。

反观国内，影产业的营业收入主要依靠票房和广告，诸如版权类的收入占比很小，很多电影衍生品收入为零。国内衍生品开发市场存在以下缺陷：国内衍生品多是宣传品，衍生品多低价捆绑销售，盗版太多，缺少成熟的产业链。

2015 年岁末，时光网推出了 O2O 衍生品电商平台，人们可以一边看电影一边订购喜爱的衍生品，这在一定程度上为目前国内影视衍生品的销售搭建了一个平台。

国内影视公司为什么甘心将重金砸在宣传上，而不愿意将精力集中于庞大的影视衍生品市场，原因可能有以下几点。

第一，回报不佳。影视 IP 衍生品在国外非常流行，投资方各显神通将 IP 衍生品源源不断地推向市场。可观的回报当然与他们有良好的市场基础有关。只是，市场基础不是天上掉下来的，也是这些投资方努力培育出来的。你不耕耘，哪里会有好收成？

第二，信任问题。国内衍生品市场刚刚，开发方看好这一市场，但是版权方高额的授权费往往让人望而却步。而高额授权费的核心问题就是双方合作开发的信任度欠缺，版权方不信任开发方的销售能力，只好采取一次性交易的方式卖断版权，免得夜长梦多。而开发商对版权方的IP也缺乏信心，自然不敢拍出一大笔钱来购买。

第三，法规保护欠缺。目前，国内知识产权保护意识比较薄弱，维权成本高，取证难度大，诉讼成本高，经常是电影刚上映，影视衍生品已经被高仿，在市场上大规模低价销售，盗版猖獗，挤压了正版衍生品的市场空间，扰乱了衍生品的市场秩序。不过随着法律制度不断完善，这些问题会逐步得到解决。很多IP运营和维护公司开展大规模的版权维护，联合当地政府的职能部门打击侵犯知识产权的违法活动，取得了一定的成效。所以，对于泛娱乐布局，马化腾提及了法规方面的保护，这也在情理之中。

影视衍生品市场的优前景

尽管国内缺乏专业的授权公司，也不具备行业规范，但随着电影市场不断规范和完善，影视IP衍生品市场也将随之受益，被视为金矿的中国IP衍生品市场前途光明，主要表现在以下三个方面。

一是泛娱乐市场空前广阔。基于IP布局的电影市场规模正在不断扩大，影视票房每年以30%的速度增长。泛娱乐公司对电影衍生品开发的重视度越来越高，衍生品消费市场的认同度也越来越高。同时，投资、创意、法律等人才日益增加，他们成为 IP 衍生产业链的积极力量，为开拓广阔的市场提供了充足的人力资源。

二是电商平台积极推动。影视产业整体强势上行，出现了几个趋势：改编已经有受众基础的文学、漫画、游戏作品，加强影视项目品牌号召力；加强影视产业的互联网基因，从大数据、多屏首播及互动、众筹预售等层面着手，大幅降低影视作品的市场风险，并且扩大了观影人群的体量；阿里巴巴入资优酷土豆及华谊兄弟，联通内容与电商，影视衍生品有了电商巨头推动。这几股趋势表明，基于 IP 商业化平台越来越大，产业链越拉越长，衍生品产业链日臻成熟。

三是相关政策扶持。政府运用行政力量，通过法律法规引导、扶持相关产业健康发展，这只有形之手对于市场行为发挥了积极作用，是前途光明的重要保障。《中华人民共和国电影产业促进法（草案）》的出台表明政府重视影视版权保护与鼓励开发影视衍生品的态度。此前，电影衍生品的权利性质是商品化权，而我国尚未将商品化权纳入法规作为独立的财产权予以保护，仅将其放入现有的法律体系，以《反不正当竞争法》作为兜底条款。因为缺乏对盗版行为量刑的依据，当属于商品化权的电影衍生作品遭遇盗版时，往往面临无法救济或者救济成本高昂的困境。相关法律法规的出台为影视 IP 衍生品的开发提供了坚实的法律保障，节约市场主体维权的成本。

国内外影视衍生品合作经典案例

▲ 2016 年 1 月上映的《功夫熊猫 3》由中影股份、东方梦工厂与美国梦工厂联合投资拍摄。作为第一部中美合拍的动画电影，其中融入诸多原汁原味的中国故事和中国制造。环球购物作为《功夫熊猫》电影系列衍生品销售平台，出售包括拉杆箱、收纳箱、双肩包等在内的《功夫熊猫》电影系列衍生品。

▲ 2015 年 7 月 23 日，娱猫公司作为《大圣归来》的衍生品运营方，与天猫联合进行了《大圣归来》“梦工厂”周边衍生品的众筹活动。其各类衍生品的销售额当天就超过了 1 180 万元，创下了中国电影衍生品历史最高的单日销售纪录。

▲ 2015 年 4 月 17 日，中影股份与华纳兄弟在京举办了“电影衍生品项目意向书签署仪式”，宣布进行战略性零售及授权商品销售前导计划。中影股份将利用华纳兄弟的全球授权商网络，在内地影院销售华纳兄弟与 DC 漫画旗下品牌为基础的影片衍生品。

▲ 2015 年 5 月 18 日，百联集团与上影集团签署了战略合作协议，双方将进行资源对接，发挥各自优势，上影的内容资源联合百联的渠道资源，形成衍生品版权运营、设计研发和生

产销售为一体的新模式。

▲2015 年 12 月，意识到国内电影衍生品市场的巨大潜力，B2B 电影电商平台应运而生。时光网发布的 Mtime PRO 定位为正版电影衍生品一站式采购平台，专注服务业内人士，是一款纯粹的 B2B 服务产品。时光网 CEO 侯凯文介绍，Mtime PRO 瞄准的是当前国内电影产业的痛处，即产业链不健全导致的赢利模式单一，这与国外成熟的产业格局差距明显，希望通过这个平台有机地整合制片、院线等产业链的各环节，打造健康的全产业链生态圈，进而促进以衍生品市场为核心的电影产业生态圈良性发展，同时进一步帮国内电影产业缩小与国外电影产业的差距。

通过国内外影视衍生品合作开发与销售的案例，我们发现：

· 各公司之间利用各自的优势整合资源，有重点地开发影视衍生品；
· 好莱坞衍生品渗透中国市场，迅速切入市场，逐步打开市场；
· 我国影视衍生品市场已经萌芽，消费者购买衍生品的消费习惯初步形成；
· 在大量影视衍生品开发中，动漫衍生品效益更好，国内衍生品市场规模由小变大，前途无量。

微观：影视衍生品开发经典案例

▲变形金刚的衍生品不只有钥匙链和小首饰、玩具和汽车模型，还有餐盒这一类生活用品。《变形金刚3》上映期间，就有一款变形金刚餐盒同步面市。

▲赵薇主演的《花木兰》发行了两万套电影原声大碟，每张CD盒里都有一个微型的卡通版花木兰人偶，还以《花木兰》里赵薇的头盔为模板制作了限量版的纯银挂饰。

▲《怪物史莱克》的衍生产品中有一款美容套装，包括一面镜子和一把梳子，可以放包里，也可以摆在桌上，销量不错。

▲《功夫熊猫2》全球公映，国内同步引进。由于提前两个月的宣传预热，许多熊猫迷们已经翘首以待各种产品，熊猫阿宝的魅力可见一斑，销量不俗。

▲形象出售。比如约翰尼·德普，无论是他的剪刀手爱德华形象、《加勒比海盗》中杰克船长的形象、《查理和巧克力工厂》里的形象，还是《爱丽丝漫游仙境》里的形象，市场销售都很火爆。

▲张艺谋的贺岁大戏《三枪拍案惊奇》上映后，衍生网游戏《麻子面馆》也随之上线。

▲《爸爸去哪儿 2》中的萌娃都喜欢电影衍生品，吴镇宇的儿子喜欢戴着蜘蛛侠面具，曹格的儿子曾在节目中玩的玩具锯子就是由《熊出没》衍生出来的。

▲片方在《叶问 2》推介中做了甄子丹的人偶，还有《建国大业》做了限量版的瓷器，《赤壁》当时还做了龙泉宝剑，售价两三万元。此外，冯小刚的《私人订制》衍生品包括葱形抱枕、挂架、杯子等，同样引来市场热捧。

热销的国内外影视衍生品有几个特点：

- 由于衍生品具有唯一性和独创性，所以热销的衍生品不会出现雷同产品；
- 衍生品一般是新奇、有趣、实用的小玩意，物美价廉；
- 开发衍生品必须提前策划设计，融入影视制作；
- 具备收藏品、奢侈品和艺术品三重特质的衍生品将有很大的市场空间，价位可以提高到高端消费层次。

影视衍生品运作建议

第一，打造便捷的销售渠道。现在处于移动互联网的风口浪尖，很多交易都能够在手机客户端完成，影视衍生品也不例外。因此，搭建衍生品平台、完善销售途径尤为重要。时光网已经打造最大的衍生品销售平台，方便影迷购买，在该行业内进行了有益的探索，相信很多竞争平台也将陆续诞生。

影视衍生品开发是产业链中的一环，必须在剧本创意阶段便融入衍生品开发的元素。惟有这样的意识，才能让影视更好地服务于衍生品的销售。

第二，要有合作而非交易思维。或许有的IP开发公司没有条件进行影视衍生品开发，于是委托相关的IP开发公司来运营，那么两者之间需要有一定的信任和默契,在了解市场的前提下，在风险判断以及风险承担的范围内做出合理的利益分配。

双方合作，版权方和衍生品开发方需要有清晰的协议，并且销售数据公开透明。以合作而非交易的思维方式，重视衍生品的研发和推广，这对整个蛋糕的做大会积极的推动作用。

第三，策划长尾衍生品。北京影踪科贸有限公司CEO王磊认为，一部优秀影片在上映档期的不同阶段，衍生品的商业营销可以迅速启动并达到峰值。但随着电影下线，它的销量也会迅速下跌，也就是说生命周期比较短——经典电影的衍生品除外。所以，需要想办法尽量拉长衍生品的生命周期，策划出长尾衍生品。

中小企业怎样玩转 IP 泛娱乐创业

目前在以 BAT 为首的互联网巨头的引领下，国内泛娱乐产业生态圈已经初步形成。面对这片蓝海，中小企业如何玩转 IP 泛娱乐创业？

小切口介入

对于 IP 泛娱乐创业，目前万亿元规模的市场正在逐步形成，加上创业风潮正盛，很多人都想从 IP 泛娱乐产业中分得一杯羹。这看似容易，实则困难。

资质上，如果没有早期娱乐、影视等相关行业的积累，资本上如果欠缺影视文化公司雄厚的经济实力，要想创造财富神话将非常艰难。

如何融资？

首先要将产业的态势、IP开发和中长期运营计划理顺，完完整整地撰写商业计划书，递交给你的潜在投资人。IP泛娱乐正成为一条坚实的产业链，也是时势造梦的良机，相信很多商业嗅觉灵敏的投资人都会嗅到这股商业气息。

其中有一点非常重要，如果你的项目动辄就要投入几千万，那么恐怕不太可能实现。你可以用一笔几十或几百万的预算，从某一个点切入，比如文学作品、游戏、音乐、动漫，将一个IP做大后，其他的商业机会便会接踵而至。

IP产业越垂直越专业越有前途。比如文学作品，你可以帮某些大公司代理筛选优质的IP，或者协助作者朝着大IP方向撰稿，或者为大公司服务，对IP进行开发运营管理、网络推广营销……逐渐介入IP产业。

在IP开发上游影视策划阶段，你可以通过自己独特的优势介入IP衍生品开发，比如收集国内外的衍生品和模型创意，经过市场调查，遴选出人气高的衍生品当作储备资源，通过调研确定优质的IP衍生品（如玩偶、服饰、艺术品），然后卖给大公司，这也是不错的介入方式。

别小看这些衍生品的开发创意，真正好的衍生品具有强大的生命力，比如《冰雪奇缘》中两姐妹穿的裙子，畅销了一整年，销售额超过了电影在北美上映的票房，可见富有创意的衍生品能够更持续地发展。

目前市场上比较缺乏的是 IP 培育，缺乏财力的创业者可以先从这块介入。在培育 IP 方面，可以在市场上“捡漏”，隐藏在浩瀚的网络文学中，质量不错、只是缺少营销推广、缺少行家赏识的作品，一经发现，可以收归麾下。

在挖掘开发 IP、推广 IP、培育 IP、运营 IP、IP 维权等环节，都可选择一个小切口深度介入，单点突破。

运用大数据思维

根据目前的电影票房来看，文艺片、国产动漫、历史片还是不太被观众接受，经常出现叫好不叫座的局面，高票房的几乎都是轻松喜剧、好莱坞大片、知名 IP 续集等，这些结论都可以通过大数据得出。

目前全球前 50 部卖座影片中有 34 部属于“续集片”或“系列片”。这些续集大片主要由好莱坞六大电影公司（华纳兄弟、派拉蒙、20 世纪福克斯、索尼、迪士尼和环球）拍摄制作和发行。

对好莱坞巨头电影公司来说，续集片是最为保险的投资，续集电影无论在粉丝基础、观众接受度还是品牌影响力上，都比原创电影更具优势，这是调查数据得出的结论。

《小时代》四部曲前后共将 17.87 亿元的票房收入囊中，

除了粉丝效力外，制作流程中的大数据指导也功不可没。制片方利用数据思维进行了精准的观众群体分析，对9万多微博用户进行了深度解剖，最终打造出了一部目标群体愿意买单的电影。

传统电影投资缺乏数据作为基础，更多的是依赖投资人的主观判断，有时候甚至是毫无根据的预估。随着大数据应用范围的逐渐扩大，电影产业链的每个环节都被打上了精准数据思维的烙印，同时也为从事大数据分析、咨询的创业公司或者IP开发公司提供了更多的商业机会。

借助互联网思维

在移动互联网和传统PC端互联网融合发展的时期，从国家战略到公司规划，所有的产品、服务、信息和资源都融入了“互联网思维”。

互联网思维是非常广泛的概念，它所指的是利用互联网及其生态特质创造性地提供一套解决问题的思路。

严格意义上，互联网思维是在（移动）互联网+、大数据、云计算等科技不断发展的背景下，重新审视市场、用户、产品、企业价值链乃至整个产业生态的思考方式。比如用户至上、用户参与、表达参与、便捷免费、数据意识。在IP产业中创业，也需要互联网思维。

举个例子，《大圣归来》自 2015 年 7 月上映以来票房一路飙升，最终突破 9 亿元大关。这样一部影片在宣传期曾一度资金紧张，怎么办？

此前，制作方已经通过大数据分析，判断这个题材能火。有了能火的题材和精准定位，发行人路伟想出了“在朋友圈为《大圣归来》众筹发行经费”的办法，最终从 89 位投资人处众筹到 780 万元。

《大圣归来》的成功让许多草根电影制作人燃起了希望，也让电影众筹再次受到资本市场的关注。也就是说，有好的 IP 题材，如果缺少资金怎么办？利用互联网思维，众筹就是其中的一种，让用户参与，可以从一定程度上解决资金紧缺的燃眉之急。

资产管理公司三万弘道副总裁王峥在接受记者采访时说：“随着观众的观影需求越来越个性化，未来会出现更多的类型片和小众电影，在经费筹集上，也可能依赖互联网众筹。在这个领域，深耕某一领域的创业公司会有更多的机会。”

据盈灿咨询数据统计，中国目前共有 9 家平台涉及影视类众筹。从平台项目发布数量来看，近半数平台影视发布项目不足 10 个，且项目成功率仅为 64%。

以淘梦网为例，这是一个为微电影和网络电影提供众筹、发行服务的网络融资平台。虽然在淘梦网上成功完成众筹的网络电影已有几百部，但成功率也只有 30% 左右。相比较而言，院线电影的成功众筹数量更是少得可怜。

据淘梦网创始人阴超分析："院线电影风险高、回报周期长，所以成功率低、数量少，而且众筹成功的电影中很多是不缺钱的，更多的是为了宣传。"

当然，互联网思维并非只有众筹一种融资模式，创业者必须与时俱进，结合自己的优劣势，通过互联网思维的实践解决遇到的 IP 创业难题。

第六章

泛娱乐 IP 热背景下的出版业

在 IP 产业链中，图书出版虽然不同于影视、游戏、动漫和衍生开发，但其中有一点是共通的，那就是内容。内容才是根本，其他形式都是产品形态，不同的产品形态只是多样地呈现，而内容为王仍然是整个泛娱乐背景下的重头戏。因而出版行业应该主动出击，顺势而为，在 IP 热中提早介入泛娱乐布局，并探索多元运营。

移动互联网背景下的出版现状

2016 年，中国出版协会发布《2015 年中国出版业发展报告》，报告挖掘了出版业背后一个重要的现象，那就是“融合创新”。在新常态下，融合创新是 2015 年中国出版业发展的主旋律，也是业内对 2015 年出版业发展现状的概括。

不可否认，移动互联网异军突起，不仅成就了互联网产业的发展态势，还影响到出版业。其中，2015 年出版业融合创新中最突出的表现是：版权运营带动多种媒体联动发展。如以百度和腾讯为代表的互联网巨头杀进了网络文学领域，进入了数字内容产业。泛娱乐战略布局介入出版，与传统出版机构在数字出版领域形成了竞争态势。

2014 年 11 月百度文学成立，2015 年腾讯的阅文集团和阿里巴巴的阿里文学也相继成立，当然其他互联网公司也积极参与到泛娱乐的网络文学与出版产业当中。它们通过吸引名家、名作者资源，收购和培育文学IP，或者通过并购影视公司、游戏公司等方式，打通了泛娱乐布局的上游和下游。

在IP产业链上游，我们可以看到，版权储备及交易成为主流。出版行业玩法多样，国内以中文在线、阅文集团、奥飞动漫、长江文艺出版社为代表的出版内容公司，构建了优质IP的资源平台，通过签约作者、版权收购、投资收购等方式，培育原创IP、整合国内外优质的IP，并以自主开发、授权等方式获利。

传统出版行业也在大胆尝试将IP转为图书出版。比如北京悦读纪文化有限责任公司便与影视公司合作推出过诸多同名影视书，《步步惊心》《钱多多嫁人记》等都取得了不错的反响。中国少年儿童新闻出版总社根据游戏《植物大战僵尸》改编的同名系列图书，曾创造8个月销量500万册的惊人成绩。其他如《赛尔号》《摩尔庄园》等同名游戏书，销售业绩也不俗。

不得不提的是北京儒意欣欣文化发展有限公司，借助影视图书出版而迅速崛起，代表作有《致我们终将逝去的青春》。2014年年初，该公司推出热播美剧《纸牌屋》的同名图书，抢占了热门市场。加强出版与影视的互动体验，也是泛娱乐背景下出版的常规动作。

IP概念大热，数字内容版权运营链条初步形成。现在，除纸质阅读外，国内用户数字阅读的主要方式是通过移动互联网，现代数字出版产业格局逐渐形成，而且受众的消费层次与消费需求日趋多样，这将极大地激发出版产业的创新活力。

与此同时，随着 VR（虚拟现实）、AR（增强现实技术）等技术的发展，未来的精神消费体验或许可以在一块屏幕上完成。作为提供精神文化产品的出版业理应有所作为，尤其在泛娱乐 IP 热的背景下更应该实现创造性运作，改变传统的赢利模式，探索多元化商业模式，形成出版行业的新气象。

出版业在泛娱乐中探索多元经营

IP 与图书出版有着天然的紧密联系，在泛娱乐背景下，先知先觉的民营公司最先嗅到 IP 产业崛起的商业气息。

成立于 2014 年的白马时光文化传媒是业内最早进行“书影联动”模式的探索者，即“以图书发展影视，以影视促进图书”。旗下拥有数十位一线青春名家，所出版的《他来了，请闭眼》《琅琊榜》等图书，不仅为公司带来了巨额 IP 版权授权费，其图书销量还在影视的推动下猛增。

作为 IP 热的上游，部分出版公司不再追求“一锤子买卖”，不再拘泥于版权销售，而是深度介入 IP 开发，图谋挖掘到更大的金矿。2015 年，出版公司新华先锋在 IP 运营方面的收入已接近 3 亿元。

在行业实务中，图书改编成影视作品，出版机构介入前期的剧本创作，能够更好地把握故事内核、情节发展和人物性格，以免将作品改得面目全非，同时也可深挖 IP 的价值。有人说，剧本创作是一项简单的工作，出版编辑可以做，专业编剧也可以做，但是编辑可能比编剧更懂内容。以严歌苓的作品为例，编辑可能比编剧更了解严歌苓的作品风格，在台词设计上，编辑可以很好地把握严歌苓笔下人物的语言风格，话语体系能够做到整体风格统一。

除了白马时光和新华先锋这两家文化公司，前文提到的北京儒意欣欣文化发展有限公司（简称“儒意欣欣”）在自有出版产品及代理产品的版权推广方面也取得了不俗的成绩：旗下 80% 的自有产品已售出版权，版权中心库存 300 余个优质的 IP，版权推广涉及电影、电视剧、网络剧、游戏、舞台剧等。儒意欣欣还致力于原创故事内容的孵化，能够根据影视公司的需求进行对性策划，匹配属性、寻找作者和故事，快速高效地进行 IP 生产和转化，在市场中如鱼得水。

如果出版业从产者打开视野，还可以发现不少新鲜的玩法。如飞鱼科技的《保卫萝卜》，起初它只是一款休闲游戏，后来出了 10 册故事书，还推出了萌漫画系列、学拼音学语文系列，市场反响热烈，将 IP 开发做到了极致。

当前，图书、影视、游戏正成为上市出版商发展布局的三个重要支撑点。长江出版传媒股份有限公司于2014年与盛天文化传媒股份有限公司在资本运营、图书资源开发、影视剧投资参拍三方面展开深层次合作，在院线建设和影视项目投资上成效渐显。

正如时代出版传媒股份有限公司、安徽出版集团董事长王亚非所言："出版企业最大的优势是版权和书中故事。版权向下延伸，自然会触及影视。不同的故事、不同的载体，只会让出版媒体更丰富，人们精神消费更多样。"在泛娱乐的格局里，IP产业链不会吞食，更不会冲击出版行业，只会不断丰富和融合，让人们的精神消费享受更多的自由和便捷。

2014年，凤凰出版传媒股份有限公司继续加大影视板块投入，旗下凤凰传奇影业有限公司在2014年重点投拍了《山海经》《藏地白皮书》等7部影视剧。新华文轩出版传媒股份有限公司也通过股权置换实现对北京华影文轩影视文化有限公司100%控股。

2015年3月，腾讯文学与盛大文学完成了整合并成立阅文集团，开启中国网络阅读与数字出版史上"全民阅读"新篇章。据阅文集团联席CEO、原腾讯文学CEO吴文辉介绍，阅文集团高速增长，业务全面突破，创下了原创业界的最快成长速度，并通过开放式地与各类合作伙伴展开积极合作，全方位地挖掘优质 IP 的潜能，实现了诸多作品在图书出版、游戏、动漫、影视改编、音乐制作、周边产品等全版权领域的 IP 开发，成为腾讯泛娱乐战略的重要阵地。

在这股 IP 热中，出版商机构不能在满足于单纯的编书、出书、卖书，必须实现跨界运营。二十一世纪出版社、童趣出版有限公司、中华书局等在游戏领域尝试，以新的话语形式来吸引年青一代读者的注意，并获得认同。

在 IP 产业链中，图书出版虽然不同于影视、游戏、动漫和衍生开发，但是其中有一点是共通的，那就是内容。这才是根本，其他形式都是产品形态，不同的产品形态只是更好地为呈现内容服务，内容为王，仍然是整个泛娱乐背景下的重头戏，做好内容还是重中之重。内容打造的关键是人的创造力和想象力。

出版从业者不应该消极等待，要主动出击，除了挖掘人才和作品，还需要不断地在泛娱乐格局中找到自己的赢利点和市场，不断地通过并购和融资等方式介入泛娱乐布局，在泛娱乐产业探索多元化经营。

目前市场已经有足够的利润支撑出版行业多元经营，但是懂内容、影视、IP 运营、多渠道市场运作的 IP 人才仍然稀缺，这一点制约着 IP 热在出版行业的发展，因而出版行业有必要顺势而为，积极地培养混合型人才。

IP 作者成书启示录

他山之石，可以攻玉。本节对业内几个业界赫赫有名的 IP 进行梳理，让读者对 IP 作者的创作历程、成名过程、出版等情况有更直观的了解。

顾漫：逛超市“逛”出《何以笙箫默》

2003 年，言情小说《何以笙箫默》出版，讲述的是何以琛和赵默笙由一段年少时的爱恋牵出的一生纠缠，其内容饱含青春浪漫气息。

《何以笙箫默》让作者顾漫一炮走红，影视机构自然不会放过这块肥肉。2014 年下半年，电影版《何以笙箫默》开始拍摄；2015 年由《何以笙箫默》改编的同名电视剧热播，收视率非常高。其后，该书三次再版，再次登上畅销书排行榜。

《何以笙箫默》的成书过程颇具传奇色彩，据说创作灵感源于一次逛街。顾漫接受媒体时强调："最初灵感的产生是有一次和妈妈去超市，超市人很多，妈妈低头选酱油的时候，我站着，忽然脑海中就出现了男女主角开头重逢的那一幕。"

富有想象力的她顺着思路不断地构思，完成了整本书的创作。灵感对作者来说非常重要，据顾漫透露，她与朋友之间的一些交往经历,或者瞬间的言行举止,都可以转化为书中的情节。小说源于生活又高于生活，这是很好的例证。

这部经典的言情小说遇上了 IP 热，自然异常抢手，影视公司购买了这本书的影视版权，并聘请顾漫为编剧。11 万字左右的原著要改编成 30 多集的电视剧，等于要增加 30 多万字，这个浩大的工程量让顾漫透不过气来，她坦承再次创作的过程是累并快乐着。

她说："由于篇幅的加长，我又进一步拓展和深入了人物的性格，想呈现给大家更全面的何以琛和赵默笙。其实从书迷的反应来说，对小说拍成电视剧有支持有反对，但是不论是支持还是反对，我都知道是出于对《何以笙箫默》这个故事的喜爱，所以这些都会让我更加用心和努力地去做作品。我希望电视剧能最大限度地还原小说，能得到大部分读者的认可。也希望能证明这样温馨轻松的电视剧是有市场的。"

很多人对这部作品的名字感兴趣，名字浪漫而又神秘，却不知何解，各种“求科普”的疑问也在网上发散开来。顾漫曾表示，《何以笙箫默》是先有名字后有故事的，“何以笙箫默”这五个字是灵光一闪想到的，而不是纠结凑字的产物。女主角的名字叫赵默笙，取自《再别康桥》：“悄悄是别离的笙箫，沉默是今晚的康桥。”男主角的名字叫何以琛，所以这个剧名恰巧合融合了二人的名字。

可见，创作中，作品的名字，甚至IP的名字具备极大的识别度何其重要！

天下霸唱：《鬼吹灯》是瞎想出来的

天下霸唱名动江湖，并非浪得虚名。他所讲述的故事《鬼吹灯》，以丰富的想象力、扎实的细节和引人入胜的故事，引发了盗墓小说畅销盛行。

天下霸唱本名张牧野，父母是地质勘探队队员，经常出外勘探，他随父母去过了很多地方。队里有懂风水的人，会给张牧野讲不少离奇的故事，在他年幼时便播下了讲故事的种子。小时候，他除了听故事，还读武侠小说、看名著、听评书，甚至和小伙伴们一起去山里探险，这些经历为其创作打下了基础。

2005年，张牧野的女朋友非常喜欢看故事，但是作者更新太慢，非常不过瘾，女友要求张牧野去督促作者赶紧更新。张牧野有点儿不耐烦，心想与其催别人写，还不如自己续写或者重新写。于是他开始动笔写小说，并很快引来了不少粉丝，其作品被转载到不同的平台。“我当时只是想写些好看的故事和大家分享一下，没有想到反响非常热烈。”张牧野这样说。

盗墓小说是中国探险悬疑题材的新领域，张牧野的作品填补了市场的空白，所以备受追捧。网友追着 ID 为“天下霸唱”的张牧野不放，激励着张牧野笔耕不辍。

《鬼吹灯》情节环环相扣，幽默的文笔和离奇的悬疑让读者欲罢不能，作品最终引起了出版社的注意，出版便顺理成章。

《鬼吹灯》之后，“盗墓”这个原本大家觉得“路子有点儿野”的题材风靡一时。虽然《鬼吹灯》80% 的情节是虚构的，却真有人拿古董来请天下霸唱鉴定。他的虚构写作居然能够让人以为这是亲身经历、作者身怀绝技，天下霸唱的写作功力令人佩服。

能够将想象的作品写得惟妙惟肖，逼真深刻地再现虚构的想象世界，这一能力非常人能及。

刘慈欣：用工作时间完成了《三体》

写作是一项孤独的事业，写完了多部科幻小说的刘慈欣深有体会。刘慈欣 1988 年毕业于华北水利水电学院水电工程系，后于山西娘子关电厂任计算机工程师。在娘子关这个小地方，刘慈欣一待就是近 30 年。直到 2015 年 3 月 30 日，刘慈欣加盟腾讯，成为移动游戏想象力架构师。

在 1999 ～ 2006 年，刘慈欣连续 7 次获中国科幻银河奖。他的代表作有《超新星纪元》、《球状闪电》、“地球往事”系列（《三体 Ⅰ》《三体Ⅱ：黑暗森林》《三体Ⅲ：死神永生》），其中《三体》堪称人类科幻史的杰作，这是一套典型的硬科幻作品。这套书讲述了地球文明在宇宙中的兴衰历程，内容涉及社会学、哲学、宗教、人性以及爱情，利用故事模式展示得淋漓尽致。

中国著名理论物理学家、科普作家李淼曾公开指出《三体》中的物理理论到处是“硬伤”，对此评价刘慈欣欣然接受：“我在发电行业的计算机领域是内行，但在其他学科，我是外行。”他不懂什么物理学、宇宙学，只是一个科幻迷，科幻的作用就是启发，让读者对物理学、天文学、科学产生兴趣。

科幻文学的出路很窄，题材也很单一，刘慈欣认为，科幻本身是创新的文学，需要新的构思、新的想法，这本身就比较困难。就科幻的题材，不单在国内，在国外也一样，还处于不断重复的阶段。

他坦诚《三体》的题材不是新的领域、新的想法，在很久久以前就有科幻作家在这个领域写得非常出彩，即便在国内的科幻小说中，之前描写这类题材的也有很多。火不火要靠机遇，创作者须有平常心，机遇很重要，不是说你有实力就能成功。

对刘慈欣产生很大影响的是写《2001 太空漫游》的阿

瑟·克拉克，以及《1984》的作者奥威尔。这两位大神应该算科幻小说的两极：一极特别空灵，远离现实；另一极紧贴现实。刘慈欣一直努力把这两者结合起来。他指出，暗物质给科幻小说留下了巨大的创作空间，“世界上最离奇曲折、匪夷所思的故事不是游吟诗人嘴里的，不是作家笔下的，而是世界宇宙本身发生的。”

桐华：《步步惊心》是无心之作

“言情天后”桐华是 IP 产业的先行者，《步步惊心》登上了网络文学 IP 的巅峰，紧接着她的《大漠谣》《云中歌》又被搬上荧屏，新作《那片星空那片海》也正在酝酿拍成影视作品。在 2012 中国作家富豪榜上，她以 305 万元的版税收入名列第 16 位。

如今的桐华，身份不再仅仅是作家，还是影视公司的创意总监。她说：“我会自己策划电视剧，也会购买其他作者的版权，我用另一种方式去讲述故事。”

桐华高中学理、大学读商，作为北京大学的高材生，桐华觉得自己应该一路向 CFO 冲刺。但万万没想到，从来不舞文弄墨的她，在 2005 年写出了红透半边天的网络小说《步步惊心》，而且一发不可收拾，10 年间写成 6 个故事，3 部已被拍成电视剧。

谈及创作《步步惊心》的初衷，桐华说，2005 年，她忙碌的生活处于一个暂时休憩期，“辞掉工作，打算读硕士，旧日生活结束，新的生活还未开始，一个阳光灿烂的下午，我在家无所事事，就突然决定自己写一个故事。说老实话，刚开始我连男主是谁都没想过，直到第三天看有人给我留言，才哗哗地开始写，真正进入故事”。随后，她又接连写了《大漠谣》《云中歌》等多部畅销小说。

与眼下网络作家动不动千万版税不同，当时《步步惊心》《大漠谣》基本没给桐华带来经济收入，她说：“刚开始只是免费贴到网上让大家看，后来出版了，稿酬也很低，和我从事的金融工作比起来，我绝对不认为这是个付出和收入成正比的事。”

决定人生走向的最终还是不带任何功利心的兴趣。正如桐华在接受《中国青年报》记者采访时所说：“无可否认，成名带来了财富。但这不是最重要的。因为当我开始写作时，我是把故事贴在网上,没有一分钱的收入。我也从没想过去投稿出版。我不缺钱，所以我并不在乎写东西是否会带给我金钱。我愿意如此做，是因为我喜欢讲故事，我享受这个过程。”

桐华在《步步惊心》十年典藏版的自序中提到：“大概贴到第三节的时候，开始有人留言，本来还在担心故事没人会看，没想到渐渐受到很多读者的喜欢。我对这个故事越来越严肃认真，吃饭睡觉都在思考。我不是专业写手，我高中读的是理科，大学念的是商科，我完全不知道这个故事该怎么写，只是凭着一种激情和认真。当时的我没有想到，我能写完一部 40 万字的故事，没有想到它会出版，更没有想到它会被拍成电视剧。”

对于《中国青年报》记者提出的问题“那时候喜欢读什么类型的书，谁对你的影响较大”，她的回答是：“我看书很广，什么都看。琼瑶的，金庸的，古龙的，托尔斯泰的，阿加莎·克里斯蒂的……我自己觉得所有的书都对我有影响，只不过影响不是一下子呈现的，而是综合交错地呈现出来的。如果一定要说哪些作者的书让我印象深刻的话，应该是古龙和托尔斯泰。”

《步步惊心》是网络小说的一个成功范例，现在有很多热爱写作的网络写手，但是能成为“百万大神”或者出版小说的人少之又少。对此，桐华认为：“第一是坚持，第二是不要盲从，网络写作的结果非常直观，点击率和评论会第一时间告诉作者读者的反应。但是你千万不要被点击率左右，坚持写自己想写的故事，不要去刻意迎合。”

记者问她：“你写过很多不同时代的故事，你觉得构架一个故事，什么是最重要的？”

桐华的回答是：“以前没有写故事时，我会这么划分故事：言情、武侠、玄幻、各种世界名著等。但在我开始写故事之后，我发现其实所有的故事，不管古代现代、国内国外，不管通俗文学、世界名著，都在讲述人。能让我们产生共鸣的往往不是故事的背景，而是人物的情感和命运。一个作者应该记住，不管什么故事，核心是人的情感和命运，永远不变。”

当被问到如何才能写出一个好故事时，桐华回答：“我在没写故事之前是一个纯看故事的人，对于看故事的人而言，评价好故事的唯一标准就是：能吸引读者看到结尾的。再高一层，看完之后还念念不忘的故事是更好的故事。最高的一层则是不仅念念不忘，还有所感悟的故事。至于如何写出一个好故事，取决于很多因素，想象力、逻辑性、文字表述能力、个人经历……是所有东西杂糅到一起的产物，当然还要能坐得住。其实，写故事挺寂寞的，尤其沉下心去写时更寂寞，如果心不静，其实自己和故事是有隔阂的。”

她认为：最好的灵感获得方式就是自己的生活，对世界保持好奇心，把自己的姿态放低，像孩子一样不给周围的事物贴标签，而是去观察、了解、尝试，随着年龄的增长，人很容易被过去的经验和知识禁锢，所以，“我常常鼓励自己多尝试从未尝试过的东西，尝试阅读各种书，没有特定的主题。”

由此可见，成就桐华的是一种非功利的心态，以及对阅读和写作的热爱和坚持，真正优秀的作家几乎都离不开这些特点。写好IP作品，淡定、热爱和坚持必不可少。

唐家三少：勤奋频出佳作

你可以想象吗？ 10 年间，一个人写了上千万字。这个人是网络文学界响当当的 80 后“唐家三少”。2012 年，唐家三少以 5 年 3 300 万元的收入荣登“中国网络作家富豪榜”首富宝座，并在次年蝉联。

2014 年，唐家三少入选 2014 年《福布斯》中国名人榜，成为榜单上仅有的三名作家之一，更是唯一一名网络文学作家。唐家三少的 IP 变现秘诀是：图书拉流量，游戏赚钱，电影赚影响力。

2004 年 2 月，刚过完 23 岁生日的唐家三少做出了一个改变自己一生的决定：辞职在家写网络小说。

决定写小说后，他从敲击键盘打出第一个字开始，就没有停止过更新。很快，唐家三少的第一部作品《光之子》在网络文学网站幻剑书盟连载。纸质书出版则授权给台湾一家出版社，从此一炮而红。

虽然创作的小说大多是玄幻题材，但唐家三少坦言创作灵感都来自生活。他说：“我的作品虽然玄幻，但是很励志。我希望我的作品能给大家的现实生活带去更多正能量。”

唐家三少的写作时间很有规律，一般上午一个小时，下午一个小时，晚上一个小时。这是唐家三少每天精力最集中的三个小时。这样的写作习惯，唐家三少坚持了整整十年。他每日更新小说，从未间断。

唐家三少算得上是国内IP产业的领先者。他坦言推崇J·K·罗琳对“哈利·波特”的全版权运营，希望自己能成为中国的J·K·罗琳。

为此，他与盛大文学成立了工作室，工作室围绕唐家三少所有作品及其衍生版权，进行清晰的梳理和整合战略规划。在电子媒体、实体出版、影视传媒及游戏娱乐四大方面，工作室协同盛大文学的战略合作伙伴，提供全面专业的开发、策划、营销和支持体系。

唐家三少还是一家从事手机游戏开发与运营的公司的股东，改编自唐家三少小说《唐门世界》的游戏正是该公司主推的力作，该游戏目前月流水已过千万。此外，唐家三少的代表作《斗罗大陆》的电影版权也已售出，在他看来，电影虽然运营周期长，未必赚钱，但是影响力巨大。

相比“网络小说”的叫法，唐家三少更喜欢“通俗小说”这个说法。他认为，目前国内的通俗小说发展还不够成熟，而中国通俗小说作家在世界的影响力尚无法与《魔戒》《哈利·波特》等相比。他希望未来能为通俗文学发展起到一定的推动作用，成为像托尔金、罗琳这样有全球影响力的作家。

在工作室的未来规划当中，他们还将签入及培养一些合适的、有潜力的新兴作家，以工作室的资源，发挥作家和作品及衍生版权之间的巨大协同效应，帮助大家在竞争日益激烈的网络作家生态环境中脱颖而出。

对于自己的职责，唐家三少认为“作家唯一需要做的就是写好自己的作品”。

附　录

1.《中华人民共和国著作权法》

2.《中华人民共和国合同法》

3.《中华人民共和国电影产业促进法（草案）》

后记

精神消费成为商业时代的主题

2016年2月，中国内地电影市场迎来史上最疯狂的春节档。初一到初七，《美人鱼》《澳门风云3》《西游记之孙悟空三打白骨精》等大片齐齐发力，创造了36亿元的春节档加情人节票房。

同时，这一周的票房（约5.48亿美元）还打破了2015年北美圣诞档期的纪录（5.296亿美元），使其成为全球单周票房的新冠军。这样的好成绩预示着以电影为龙头的精神消费市场迎来了春天，让IP产业从业者为之一振。

从一定程度来上说，票房复活是IP产业蓬勃发展的表征。春节档贡献佳绩的是《美人鱼》《澳门风云3》《西游记之孙悟空三打白骨精》，这些作品都是经典的IP：周星驰本人就是

IP、“澳门风云”是IP，《西游记》是IP。简单地说，是IP创造了这场财富奇迹。

以电影产业为核心的IP产业蓬勃发展，是在一定的经济背景下实现的。2014年至今，虽然创新创业不断启动，但是转型升级困难，实体经济的发展存在局限性。而在消费领域，口红效应悄然出现。

口红效应是指因经济萧条而引发口红热卖的一种有趣的经济现象，也叫“低价产品偏爱趋势”。也就是说，每当经济不景气,人们的消费就会转向购买廉价商品,口红虽非生活必需品，却兼具廉价和粉饰的作用，能给消费者带来心理慰藉。

经济危机也使得如口红这类的廉价化妆品和文化类的产品大卖。

文化消费的崛起跟当前的经济现状挂钩。经济衰退，人们的收入减少，正常情况下人们的消费也会减少。但是，当人们放弃购房购车，放弃出国旅游等高消费后，会把手中的闲钱用于消费那些昂贵商品的替代品——廉价的非必要之物，也就产生了替代效应。

这种替代效应远远大于因收入减少而减少消费的收入效应，口红效应从一定程度上助推了文化消费市场的兴起。

从2014年开始，IP概念横空出世，在文化领域创造了许许多多的奇迹。从2015年电影票房突破440亿元来看，中国电影和文化事业也可借口红效应找到一个逆风上扬的机会。由电影借口红效应推广开去，影视衍生品开发与管理，如网游、视频、旅游、艺术展、动漫、音乐会、图书、主题公园、体育赛事等文化娱乐产业都可以从口红效应中获益。

IP 时代来临也正是 IP 产业崛起之时，这个世界给你的惊喜远远超出你的想象。我们相信，国内文化市场将蓬勃发展，IP 产业会成为新的经济增长点。我们也相信，社会将越来越开放，思想越来越包容，法律越来越严明，文化创意得到自由的释放，IP 产业链也将展现欣欣向荣的景象。

让我们一起拥抱这个难得的机会。

2016 年 3 月

▶ 互联网的未来是连接一切

腾讯集团COO **任宇昕**
作序推荐

汤道生　胡延平
童士豪　万浩基
傅仲宏　黄晓明
薛蛮子　王　峰
蒋　涛　郑恺等

联袂推荐

解析当下创业难点

我们做的产品是否砸中用户痛点？
互联网创业是垂直好还是平台好？
互联网创业是合伙好还是单干好？
股权要集中吗？
……

从此不悲伤，不畏惧，不放弃……

反侵权盗版声明

电子工业出版社依法对本作品享有专有出版权。任何未经权利人书面许可，复制、销售或通过信息网络传播本作品的行为；歪曲、篡改、剽窃本作品的行为，均违反《中华人民共和国著作权法》，其行为人应承担相应的民事责任和行政责任，构成犯罪的，将被依法追究刑事责任。

为了维护市场秩序，保护权利人的合法权益，我社将依法查处和打击侵权盗版的单位和个人。欢迎社会各界人士积极举报侵权盗版行为，本社将奖励举报有功人员，并保证举报人的信息不被泄露。

举报电话：(010)88254396；(010)88258888

传　　真：(010)88254397

E-mail：dbqq@phei.com.cn

通信地址：北京市万寿路173信箱　电子工业出版社总编办公室

邮　　编：100036